Dieter H. Wirtz & Matthias Martens

CIGARRE & CO

Cigarren und ihre Begleiter

© Fackelträger Verlag GmbH, Köln

Abbildungen:
Jochen Arndt: Cover sowie alle Abbildungen, auf die in der Folge nicht hingewiesen wird
Bacardi: 141, 142, 143, 144, 145, 146, 147, 148 (u), 164, 165
Dannemann Cigarrenfabrik: 13, 15
Armin Faber / StockFood: 53
Fritz Gotschim / Wein Burgenland: 47
Habanos S.A.: 16, 27, 157
Bildagentur Huber / Fantuz Olimpio: 201
Interfoto: 12, 35, 55, 158, 192, 193
Herbert Lehmann / StockFood: 219
mauritius images: 34, 54
Moët Hennessy Deutschland: 68, 131, 133
V. Muthuramann / StockFood: 200
Oettinger Davidoff Group: 21 (2)
P.G.C. Hajenius: 23
picture alliance / dpa: 14, 48, 56, 57, 104, 154
Paul Poplis / StockFood: 191
Hans-Peter Siffert / StockFood: 94, 118
Richard Sprang / StockFood: 91
Team Brandy de Jerez: 4, 29, 95, 101, 102, 106, 110, 111, 122, 156, 163, 166, 167, 168, 169, 170, 171, 210
VRANKEN POMMERY Deutschland: 64, 65, 67, 70, 71, 81
Gebr. J. & M. Ziegler: 177, 178, 179, 180, 181

Gestaltung:
hassinger&hassinger&spiler, visuelle konzepte, Dortmund

Gesamtherstellung:
Fackelträger Verlag GmbH, Köln

Alle Rechte vorbehalten
2. Auflage 2008

Printed in EU

ISBN 978-3-7716-4381-2

www.fackeltraeger-verlag.de

Dieter H. Wirtz & Matthias Martens

CIGARRE & CO

Cigarren und ihre Begleiter

Inhalt

Dieter H. Wirtz: Wie alles kam ... — 6
Matthias Martens: ... und wie es kommen musste — 8
Zwiesprache — 11

Braunes Gold
Ein kleiner Streifzug durch die Geschichte der Cigarre — 12
Was im selben Bett liegt, muss nicht verheiratet sein ... — 24

Geschmackliche Begegnungen
Cigarren & ihre Begleiter
Rotwein — 32
Weisswein — 46
Champagner — 62
Schaumwein — 78
Süsswein — 90
Sherry — 100
Portwein — 116
Cognac — 130
Whisky — 140
Rum — 152

Wie alles kam ...

»Was haben sie sich denn da schon wieder einfallen lassen!« Das kam mir unmittelbar in den Sinn, als ich das erste Mal über die ›Deutschen Meisterschaften Habanos-Sommelier‹ gelesen hatte. Ich halte von solchen Veranstaltungen nicht gerade viel, werden sie doch in der Regel vor allem deshalb ins Leben gerufen, um die Öffentlichkeit auf ein bestimmtes Produkt nachhaltig aufmerksam zu machen. Und in der Tat: Alle Gazetten, die sich dem Tabak im Allgemeinen und der Cigarre im Besonderen widmeten, und nicht wenige Zeitschriften, die hin und wieder über die Cigarrenszene informierten, berichteten von jener Veranstaltung, in der sich alles um die Havanna drehte, und gaben Auskunft darüber, was sich an zwei Herbsttagen im Berlin des Jahres 2002 zugetragen hatte. Es war zu lesen, dass ein gewisser Matthias Martens als Sieger der ersten Meisterschaft dieser Art hervorgegangen sei, dass er außerdem beim nächsten ›Festival del Habano‹, welches Ende Februar 2003 in Kubas Hauptstadt stattfände, die deutschen Farben bei der ›Weltmeisterschaft der Habanos-Sommeliers‹ vertreten werde.

Damals hörte beziehungsweise las ich den Namen Matthias Martens zum ersten Mal. Weil ich seinerzeit recht intensiv mit dem Vertrieb des ersten Buches einer neuen Reihe – ein jährlich erscheinendes Compendium mit dem Titel *Cigar Calendarium* – befasst war, hatte ich den Namen schnell wieder vergessen. Ziemlich genau ein Jahr später kam ich wieder nicht an Matthias Martens vorbei: Der Berliner hatte zum zweiten Mal diesen Wettbewerb für sich entschieden. Ich nahm mir vor, mich nun ein wenig näher mit dieser Thematik zu befassen.

Es blieb beim Vorsatz, weil jetzt die Arbeit am zweiten sowie die Konzeption am dritten *Cigar Calendarium* voll im Gange waren. Außerdem war es bis dato nie mein »Ding« gewesen, mich damit zu beschäftigen, welche Cigarre nach welchem Essen zu welchem Getränk am besten passt. Das muss jeder Raucher für sich selbst herausfinden, da sich die Geschmäcker und Vorlieben eines jeden einzelnen von den Geschmäckern und Vorlieben aller anderen Menschen nun mal unterscheiden. So einfach ist das. Jedenfalls in meinen Augen.

Mein »Ding« war und ist es vielmehr, Bücher zu schreiben. Dass alle meine Bücher die Cigarre zum Thema haben, kam eher zufällig zustande. Als ich Mitte der 1990er Jahre zunächst das Manuskript für ein Cigarrenbuch eines renommierten (US-amerikanischen), kurz darauf das eines noch renommierteren (englischen) Autors lektoriert und dabei festgestellt hatte, dass sich beide Verfasser in wesentlichen Punkten widersprachen, sagte ich mir: Das kannst du besser – und so nahm die Idee meines ersten Cigarrenbuchs sehr schnell konkrete Gestalt an. Einen Verlag für mein *Zigarren-Lexikon* zu finden war für mich als freier Lektor und Ghostwriter das geringere Problem, und da ich »im Thema« war, ging auch das Schreiben nach gewissen Anlaufschwierigkeiten verhältnismäßig gut von der Hand.

Wenn man ein Buch schreibt, das ein spezielles, fest umrissenes Thema hat, sollte man sich nicht nur theoretisch diesem Thema nähern. Also fing ich, der Gelegenheitscigarrenkonsument, damit an, mir auch praktisch die Welt dieses Genussmittels zu erschließen. Recht bald mutierte das Genussmittel zum »Lebensmittel«.

Die vielfältigen Geschmackserlebnisse, die ich beim Rauchen der unterschiedlichsten Cigarren erfahren habe (und immer noch erfahre), fanden dennoch keinen Niederschlag in meinen Büchern. Der erste Grund: Wenn in Gesellschaft Cigarren geraucht werden, dann muss die Cigarre, die dem einen schmeckt, dem anderen noch lange nicht zusagen – Geschmack ist individuell. Und der zweite, daraus folgende Grund: Ich wollte meine ganz expliziten Geschmacksempfindungen nicht öffentlich kundtun, sie sozusagen nicht auf eine allgemeingültige Ebene stellen – welche stets dann erreicht wird, sobald etwas gedruckt und der Öffentlichkeit zugänglich gemacht worden ist. Der Glaube, dass etwas, das schwarz auf weiß nachzulesen ist, noch dazu in einem Sachbuch, die Wahrheit wiedergibt – dieser Glaube ist wie ehedem vorhanden, scheint seit Jahrhunderten ein nicht antastbares Gesetz zu sein, obgleich dieser Glaube ein Irrglaube ist. Wenn es schon nicht *die* Wahrheit gibt, dann kann es erst recht nicht für geschmackliche Einmaligkeiten allgemeingültige Aussagen geben – Diktate sozusagen, unwiderruflich und für immer festgelegt. Das ist vergleichbar mit den tagtäglich von zahlreichen »wichtigen« Meinungsbildnern verbreiteten Selbstverständlichkeiten.

Derartige wie auch andere Selbstverständlichkeiten sind, nur weil das Wort es suggerieren mag, noch lange nicht selbstverständlich, sind zudem stets mit Vorsicht zu genießen.

Nun bewegen wir uns bei Cigarren und korrespondierenden Getränken nicht gerade auf philosophischen, auch nicht auf weltanschaulichen, sondern auf geschmacklichen Pfaden – auf Pfaden, die nicht zu hoch stehenden Erkenntnissen führen, sondern zu einem Aha-Erlebnis, das stets dem Augenblick verhaftet ist. Denn: Wenn ich etwa einen bestimmten Cognac zu einer bestimmten Cigarre genieße, dann kann in einer bestimmten Situation dieses Duo für mich in nichts anderem als im »Garten Eden des Geschmacks« beheimatet sein, in einer anderen Konstellation von mir lediglich mit dem Attribut »befriedigend« bedacht werden. Somit ist Geschmack nicht nur individuell-personell, sondern auch individuell-situativ.

Und dennoch: Geschmack ist vergleichbar. Beispiel Wein. Bei nicht wenigen von uns ist hier eine ganz bestimmte »Laufbahn« zu beobachten: Zuerst war es ein (preisgünstiger) süßer ›Lambrusco‹ oder ›Amselfelder‹, dann waren trockene Weine das Maß aller Dinge, ehe schließlich wieder (erstklassige) restsüße und süße Gewächse ihren Stellenwert eingenommen hatten. Das zeigt: Geschmack ist zwar individuell, aber Geschmack entwickelt sich bei vielen ähnlich, gar gleich (wobei Ausnahmen natürlich auch hier die Regel bestätigen). Demgemäß verhält es sich mit Cigarren und korrespondierenden Getränken, und so ist bei Degustationen immer wieder festzustellen, dass bestimmte Paare von nahezu allen Teilnehmern eindeutig den Vorzug vor anderen Duos erhalten. Ergo *scheint* es nicht nur bestimmte Geschmackskombinationen zu geben, die eindeutig zu präferieren sind, sondern auch solche, die den Status der Allgemeingültigkeit innehaben.

Als ich im September 2005 die Chefredaktion der deutschsprachigen Ausgabe des russischen Magazins *Cigar Clan* übernahm, war mir schnell klar, dass wir unsere Degustationen von einem erfahrenen deutschen Cigarrensommelier durchführen lassen mussten, allein schon deshalb, weil in Russland andere Cigarrenmarken angeboten werden als hierzulande, wir also in der russischen Ausgabe dokumentierte Degustationen nicht eins zu eins übernehmen konnten – und auch deshalb, weil nicht dreißig, ja vierzig Cigarren vorgestellt werden sollten (wie das in »Tabakpublikationen« üblich ist), sondern lediglich sechs oder acht (bei reinen Cigarrendegustationen) beziehungsweise drei oder vier (bei Cross-over-Verkostungen), um somit der Beschreibung einer jeden Cigarre genügend Raum zu geben.

Für uns in der Redaktion stand schnell fest, dass der Sommelier eigentlich nur Matthias Martens heißen konnte. Persönlich kannten wir zwei uns bis dato nicht, hatten noch nicht einmal miteinander telefoniert. Das holte ich dann sofort nach – und konnte ihn überzeugen, bei *Cigar Clan* als Degustationsleiter mitzumachen. Bis heute habe ich das nicht eine Minute bereut, denn ich kenne keinen, der gewissenhafter an eine Degustationen herangeht – und schon gar keinen, der eine Verkostung so präzise und allgemein verständlich darstellen kann wie er.

Da mir, auch aufgrund meiner eigenen »Geschmacksentwicklung« hinsichtlich Cigarren und Getränke, ein Buch wie das vorliegende schon lange vorschwebte, ich es mir aber nicht zutraute, dieses Thema alleine anzugehen, stand für mich außer Frage, meinen Freund Matthias Martens als kongenialen Partner zu gewinnen, um mit ihm zusammen *Cigarre & Co* zu schreiben.

Mönchengladbach, im Juni 2008
Dieter H. Wirtz

... UND WIE ES KOMMEN MUSSTE

»… und nehmen's sich den *Wirtz* mit, da können's viel d'raus lernen!«

Also legte ich auf den schon beträchtlichen Stapel von hauptsächlich großformatigen Bildbänden, allesamt dunkel gehalten, mit Hochglanzumschlägen und nicht selten tief geprägten goldenen Lettern – darunter etwa *Havanna. Die Königin der Zigarren* von Gérard Père et Fils, darunter auch *Zigarren* von Eric Deschodt und Philippe Morane – noch ein recht handliches, kleineres Buch mit dem Namen *Das Havanna-Lexikon*, geschrieben von Dieter H. Wirtz. »Angeblich war der Mann noch nie auf Kuba, aber das Buch ist sehr gut recherchiert«, meinte mein damaliger Mentor, dem ich eine gewisse Misslichkeit zu verdanken hatte. Doch der Reihe nach …

Als Miteigner der ›Casa del Habano‹ – seinerzeit der einzigen in Deutschland – und Besitzer des besten Cigarrenladens in Berlin war Dr. Maximilian Herzog, den ich noch heute achtungsvoll »Dr. Max« nenne, mehr als der Cigarrenhändler meines Vertrauens. Aus seinem Bestand bezog ich zum einen meine eigenen Pretiosen, füllte zum anderen auch fleißig den Humidor des Gourmet-Lokals ›Vau‹ auf, in dem ich als Restaurant-

leiter neben den täglichen Serviceabläufen auch die Digestif- sowie die Cigarrenkarte betreute. In jenen unbeschwerten Tagen nicht vorhandener Rauchverbote, als es zum guten Ton und zur gelungenen Abrundung eines vortrefflichen Dinners gehörte, eine feine Cigarre zu rauchen und sich dazu ein Getränk empfehlen zu lassen, hatte das ›Vau‹ am Gendarmenmarkt wohl den am besten bestückten Humidor Berlins – zumindest, was die Restaurants anging.

Es war die Philosophie des Hauses, all das, was einmal begonnen worden war, auch »mit Hand und Fuß« weiterzuführen, und meine private Passion war es, diesen Humidor zu bestücken und zu pflegen und jeden Monat eine andere Cigarre mit einem anderen Armagnac oder Brandy, Cognac oder Obstbrand als »Kombination des Monats« zu offerieren.

Dementsprechend galt es als übliche Serviceleistung, am Tisch des Gastes eine Cigarre fachgerecht zu servieren und anzuzünden – für mich immer noch eine der anspruchvollsten und intimsten Handlungen, die man nicht nur für Gäste, sondern auch im privaten Rahmen für Freunde vornehmen kann. Denn eine mit Gefühl und ruhiger Hand vorbereitete Cigarre zu überreichen ist seit jeher eine sehr stilvolle Gefälligkeit.

Als Dienstleistung und Gefälligkeit hatte ich den Cigarrenservice somit auch in den vielen Jahren empfunden, in denen ich ›Cohibas‹ und ›Montecristos‹, ›Davidoffs‹ und ›Macanudos‹ empfohlen und angezündet hatte – vor allem empfunden als zwar etwas kaum Messbares, wohl jedoch sehr Wertvolles. So kam es mir auch nicht in den Sinn, an einem neuen, erstmalig ausgeschriebenen Wettbewerb persönlich teilzunehmen, den ›Deutschen Meisterschaften Habanos-Sommelier‹, zumal ich mich zwar frei von Prüfungsangst fühle, aber immer eine gehörige Portion Lampenfieber auf Bühnen und Podien trage.

Damit ich mich von alldem fernhalten konnte, hatte ich einen ›Commis de Rang‹, einen Australier, aus meiner Equipage auserkoren, dessen Cigarrenwissen profund war und der auch eine ruhige Hand hatte. Außerdem finanzierte der junge Mann seine Weltreise mit allerhand Aushilfsjobs, und so schien ihn – verständlicherweise – die für den Gewinner des Wettbewerbs ausgelobte Kubareise mit Teilnahme an der ›Weltmeisterschaft der Habanos-Sommeliers‹ besonders anzulachen. James war der Name des Mitarbeiters, und ich wähnte mich auf der sicheren Seite, den Titel für »mein« Restaurant einzufahren und trotzdem selbst aus der Schusslinie zu sein – bis dann James zwei Wochen vor dem Termin dieser ›Deutschen Meisterschaft‹ ein verlockendes Angebot zur Weinlese in der Wachau bekam und Berlin den Rücken kehrte.

Also ging ich zum Cigarrenhändler meines Vertrauens, der die Berliner Anmeldungen für den Wettbewerb organisierte, um ihm die Absage des ›Vaus‹ mitzuteilen. Ich wusste zwar, dass »Dr. Max« in seinem »ersten Leben« Professor der Psychologie gewesen war, aber dass ich mit ihm auch einen Meister in der Kunst des Überredens vor mir hatte, erfuhr ich erst an diesem Tag. Und so verließ ich seinen Laden mit den schon erwähnten Büchern, während meine ausgefüllte und unterschriebene Anmeldung bei ihm am Ludwigkirchplatz blieb.

Zweimal in Folge gewann ich die ›Deutschen Meisterschaften Habanos-Sommelier‹ – das erste Mal aufgrund einer eher schwachen Konkurrenz, während ich das zweite Mal den *Wirtz* und die anderen Schmöker schon viel mehr brauchte. Allerdings hatte ich da den Vorteil, einmal auf Kuba bei der Weltmeisterschaft angetreten zu sein, wobei ich den *Wirtz* natürlich ebenfalls im Gepäck gehabt hatte.

Dass ich dann bei meiner zweiten Weltmeisterschaftsteilnahme den dritten Platz verbuchen konnte, habe ich ganz sicher einer wunderbaren ›1998er Brauneberger Juffer Sonnenuhr Riesling Auslese‹ vom Moselaner Weingut ›Fritz Haag‹ und der Unterstützung vieler Menschen, die mit vor Ort waren, aber auch Dieter Wirtz zu verdanken, den ich bis dahin noch nicht persönlich kennen gelernt hatte.

Das geschah erst viel später, als ich das Angebot vorliegen hatte, die Cigarrendegustationen für *Cigar Clan* durchzuführen, einem damals recht neuen und revolutionär hochwertig aufgemachten Magazin für den gehobenen Lebensstil, dessen Kernkompetenz im Bereich »Cigarren« liegt. Bis dahin waren meine Gefühle solchen Printmedien gegenüber eher gemischter Natur gewesen. Ich hatte einige wenig beachtete und schlecht bezahlte Gastrokritiken veröffentlicht, und außerdem war ein Artikel von mir über die »Arbeit des Cigarren-Sommeliers in der gehobenen Gastronomie« in einer Zeitschrift abgedruckt worden – auch das mit wenig Feedback. Um unter anderem diese Ressentiments abzubauen, bat man mich, mit dem Chefredakteur des neuen Magazins zu sprechen, der mir erläutern würde, wie meine Arbeit auszusehen habe. Wie so oft, wenn ich ungestört telefonieren möchte, fläzte ich mich in einen tiefen Sessel einer noblen Hotelhalle, um entspannt reden und rauchen zu können.

Daran hatte ich gut getan, und auch das Format einer ›Churchill‹ war gut gewählt. Dass Dieter Wirtz schreiben kann, das wusste ich, aber wie gut dieser Mann am Telefon argumentieren und überzeugen kann, war mir noch nicht zu Ohren gekommen. An diesem Tag konnte ich es buchstäblich am eigenen Ohr erfahren.

Jedenfalls hatte ich etwa zwei Stunden später eine gesalzene Hotellobbyrechnung, eine neue Herausforderung bei *Cigar Clan* – und einen Chefredakteur, der mir von Beginn an die Möglichkeit gab, diesen Job nach meiner Façon zu erledigen. Seitdem haben wir uns so manche Nacht um die Ohren geschlagen, zusammen bei Redaktionssitzungen und Verkostungen, in Messehallen und auf Weinproben, und Dieter Wirtz ist mir in dieser Zeit immer mehr Freund als Chef geworden. Weiterhin lerne ich täglich von Dieter, wenn es um die Cigarrentheorie geht, und andererseits freut es mich immer noch jedes Mal aufs Neue, wenn ich ihm eine ihm bislang unbekannte gelungene Kombination aus einer Cigarre und einem korrespondierenden Getränk präsentieren kann.

Auch wenn ihm nach eigenen Aussagen über die Bearbeitung eines jeden meiner Degustationstexte so manches graue Haare wuchs, war zwei Jahre nach unserem ersten Treffen die Verlockung, mit ihm zusammen ein Buch zu schreiben, einfach zu groß. Dafür haben wir sogar unseren ersten gemeinsamen Kuba-Aufenthalt auf später verschoben …

Berlin, im Juni 2008
Matthias Martens

ZWIESPRACHE

Mein lieber Matthias, wie sollen wir vorgehen? Was meinst du? Deine Vorstellungen bitte!
Ich habe zwar meine Vorstellungen, aber was die Vorgehensweise anbetrifft, lieber Dieter – das ist dein Metier …
Mein Metier?
Na ja, schließlich ist das dein zehntes Buch, während ich auf diesem Gebiet Novize bin …
Wohl aus der Verantwortung stehlen? Nun gut. Wenn du mich schon gewähren lässt: Ich werde dir die Hauptlast aufbürden, mein Lieber. Also: Bei *Cigarre & Co* liegt der Schwerpunkt eindeutig auf dem »Co«.
Du meinst, dass in diesem Buch – von der Schokolade einmal abgesehen – die Getränke die Hauptrolle spielen? Aber die Cigarren sind genauso wichtig …
Versuche nicht abzulenken. Natürlich sind die Cigarren wichtig. Sie haben das gleiche Gewicht wie die Getränke. Aber zuerst kommen die Getränke – und erst dann stellt sich die Frage, welche Cigarre mit welchem Getränk am besten harmoniert, oder?
Das sehe ich nicht so. Ich könnte nämlich auch anders argumentieren …
Und wie?
Zuerst greife ich zur Cigarre, und dann stellt sich die Frage nach dem passenden Getränk …
Sehen wir es einmal so: Bei deinen Teilnahmen diverser Meisterschaften läuft das Finale doch folgendermaßen ab: Ein Paar hat ein Menu hinter sich und sich einen Digestif ausgesucht, und der Habanos-Sommelier hat nun die Aufgabe, die dazu passende Cigarre auszuwählen. Genauso machen wir es hier auch: Du schreibst etwas zu den Getränken, gehst allgemein auf die dazu passenden Cigarren ein und stellst zum Schluss deine ureigensten Favoritenpaare vor. Sagen wir deren fünf?
Okay. Überredet. Aber ich warne dich: Du kennst meine Texte – und die haben es in sich, das heißt, es kommt eine Menge Arbeit auf dich zu …
Das bin ich von dir gewohnt, mein Lieber. Aber das ist ebenfalls okay. Es dient ja einer guten Sache: den interessierten Connaisseuren nahe zu bringen, welche Cigarren und welche Getränke am besten miteinander korrespondieren. Zwar wird es sich bei deinen Top-5-Kombinationen in allen Fällen um deine ganz persönlichen »Proteges« handeln, aber ich denke, dass sich an den Richtungen, die du vorgeben wirst, jeder orientieren kann. Ich lasse dir jedenfalls bei allem freie Hand – und nun an die Arbeit …

Ein kleiner Streifzug durch die Geschichte der Cigarre

Ehe wir uns der Cigarre widmen, gebühren einige Ausführungen dem Tabak. Schließlich gäbe es keine Cigarre, wenn es nicht den Tabak geben würde.

Wann sich jene Pflanze, die heutzutage als »Tabak« bekannt ist und auch so bezeichnet wird, in den Erdenläuften herausgebildet hat und demnach als solche bezeichnet werden kann, lässt sich weder bestimmen noch nachvollziehen. Wohl kann mit an Sicherheit grenzender Wahrscheinlichkeit gesagt werden, dass sich vor tausenden von Jahren die Tabakpflanze im mittel- beziehungsweise südamerikanischen Raum entwickelt hat.

Kult und Ritual

In Mittelamerika, genauer im heutigen Mexiko, erhält der Tabak auch erstmalig kulturhistorische Bedeutung. Bei den Azteken – wie später bei den Maya – spielt er in präkolumbischer Zeit während ritueller Handlungen eine nicht unbedeutende Rolle: Ihre Priester versetzen sich durch starkes Inhalieren des Tabakrauchs in eine Art Trancezustand, um so den Göttern näher zu sein.

Somit ist schon Jahrhunderte vor der Entdeckung Amerikas der Tabak als ritueller Gegenstand bei bedeutenden und weniger bedeutenden Feierlichkeiten der vorkolumbischen Einwohner fester Bestandteil des kultischen und religiösen Lebens. Auch die Zeremonie, bei der die Friedenspfeife der Indianer Nordamerikas im wahrsten Sinne des Wortes zum Zuge kommt, ist ein Akt, dem immense Bedeutung beigemessen wird. Das Rauchen von Tabak besiegelt praktisch eine Vereinbarung, ja, sie wird als Schlusspunkt, als »Unterschrift« eines Vertrags akzeptiert. Dabei handelt es sich, der jeweiligen Situation angemessen, um ein durchweg ernstes Ritual, bei dem der Genuss zweitrangig ist.

Von der Pfeife einmal abgesehen, gilt heutzutage die (vornehmlich von Hand gerollte) Cigarre dagegen als reines Genussmittel – und dennoch: Wer sich beispielsweise abends, sozusagen nach den Mühen des Tages, eine Cigarre anzündet, der weiß zwar um den kommenden Genuss, weiß aber auch um die Aufmerksamkeit, die ihm eine Cigarre während des Rauchens abverlangt. Eine Cigarre – besonders eine großformatige – lässt sich nicht einfach so »nebenher« rauchen wie etwa eine Cigarette. Das ist auch der wesentliche Unterschied, der zwischen einer Cigarette und einer Cigarre besteht: Während das

Rauchen von Cigaretten oftmals Suchtcharakter offenbart, hat das Rauchen von ein, zwei Cigarren am Tag vor allem mit Genuss zu tun. Hier schließt sich zunächst einmal der kleine (kulturhistorische) Kreis: Das stilvolle Rauchen einer Cigarre birgt sehr viel Rituelles in sich.

Zurück zu den präkolumbischen Maya. Von ihnen stammt der Begriff »Ciqar« beziehungsweise »Ciquar«. Für den Ursprung dieses Worts haben die Maya folgende Erklärung: »Die Ciq(u)ar haben die Götter erfunden, um sich selbst den ganz besonderen Genuss am Tabakgeschmack zu schenken. Jedes Mal, wenn es blitzt und donnert, schlagen die Götter Feuer, um sich eine Ciq(u)ar anzuzünden.« Hieraus wird irgendwann das Wort »Cigar«, im Deutschen dann »Cigarre«. Umfassend – und dabei sehr weit ausholend – übersetzen Europäer seinerzeit den Begriff folgendermaßen: »Etwas Brennbares, das gut schmeckt und gut riecht.«

Die Europäer entdecken die »Cigarre«

So empfinden es auch jene Europäer, die seinerzeit erstmals Bekanntschaft mit einer »Cigarre« machen. Doch der Reihe nach: Der genuesische Seefahrer Christoph Kolumbus geht auf seiner ersten Expeditionsfahrt in spanischen Diensten am 12. Oktober 1492 vor einer zur Bahama-Gruppe gehörenden Insel vor Anker. Er ist vor Guanahaní gelandet, das er »San Salvador« nennt, und hat, wenn auch versehentlich, die beiden Amerika entdeckt. Fünfzehn Tage später, am 27. Oktober, segelt er mit seinen Schiffen ›Santa Maria‹, ›Pinta‹ und ›Niña‹ in die schützenden Gewässer der Bahia de Gibara der Insel Colba, wie die Eingeborenen die größte der dortigen Inseln nennen. Kolumbus ist der Meinung, auf Zipangu gestoßen zu sein, jenes legendenumwobene Japan, das dem von Marco Polo beschriebenen Reich des Großkhans vorgelagert sein muss. Doch es ist nicht Japan, auf das er gestoßen ist, sondern, wie gesagt, Colba, das heutige Kuba.

Zwei Matrosen, Rodrigo de Jerez und Luis de Torres, die der Atlantiküberquerer für eine erste Erkundung des Eilands an Land geschickt hat, treffen dabei auf Eingeborene, die seltsame Stäbe aus getrockneten Blättern formen, um sie dann an der einen Seite »in Brand zu setzen« und an der anderen den durch das Anzünden entstandenen Rauch zu inhalieren.

Wie das Wort »Tabak« entstand

Das folgende Zitat ist entnommen einem Bericht, der in die Zeit kurz nach der Entdeckung Amerikas fällt: »Männer und Frauen trugen kleine glimmende Feuer in der Hand, die von wohlriechendem Kraut herrührten. Trockene Blätter dieses Krauts waren in ein ebenfalls trockenes Blatt gerollt. Das Ganze glich einer Spielzeugtrompete. An dem einen Ende brannte die Glut, an dem anderen sogen die Eingeborenen Rauch ein, wobei sie größten Genuss zu empfinden schienen. Sie nannten diese Blattrolle ›Tabago‹.«

Mit dem Wort »Tabago« meinten die Eingeborenen nichts anderes als »Rolle«. Wie das sehr häufig bei Überlieferungen geschieht, hat sich daraus ein ganz anderer Begriff entwickelt … »Tabak«.

Rodrigo de Jerez und Luis de Torres sind somit die ersten Europäer, die mit dem Tabakrauchen und, wenn auch im entferntesten Sinne, mit einer »Cigarre« Bekanntschaft machen – »entfernt« deshalb, weil es sich bei diesen »Kolben« der Indios nun wirklich nicht um Cigarren heutigen Zuschnitts handelt. Demnach ist es übertrieben, zumindest jedoch ein wenig weit hergeholt, wenn von einer über fünfhundertjährigen »Geschichte der Cigarre« die Rede ist.

Von einer »Cigarre« lässt sich erst sehr viel später sprechen, genau genommen seit 1676, als die ersten Cigarren in Europa gefertigt werden. Das geschieht in Sevilla. Somit ist die andalusische Universitätsstadt praktisch der Geburtsort derjenigen Cigarren, wie wir sie noch heute von Format und Aussehen her gewohnt sind. Mehr als ein halbes Jahrhundert später erkennt dann der spanische Staat, dass mit Cigarren – und darüber hinaus durch das Erheben von Tabaksteuern – das mühselige Füllen der Staatskasse leichter vonstatten geht und dass eine gewisse Kontrolle bezüglich der hergestellten Tabakwaren ebenfalls von Nutzen sein kann, und so werden 1731 in Sevilla die ›Königlichen Cigarren-Manufakturen‹ ins Leben gerufen.

Zurück in die Neue Welt

Auch wenn im spanischen Sevilla die ersten Cigarren heutiger Prägung entstehen, so gilt doch Kuba als das »Mutterland der Cigarre« und wird Havanna als die eigentliche Metropole der Cigarrenindustrie angesehen.

La Habana, Hauptstadt der República de Cuba sowie der gleichnamigen Provinz, als Stadtprovinz »Ciudad de La Habana« genannt, verfügt über einen natürlichen Hafen an einer Bucht des Golfs von Mexiko, zählt etwas mehr als zwei Millionen Einwohner und erstreckt sich über 727 Quadratkilometer. Das sind einige nackte Tatsachen über eine Stadt, bei deren Nennung nicht wenige Zeitgenossen, sofern sie keine eingefleischten Aficionados sind, erst einmal an die langen nackten Beine jener Kubanerinnen denken, die im weltberühmten ›Cabaret Tropicana‹ als Tänzerinnen nicht nur viel Bein zeigen. Obwohl: Auch viele Aficionados denken bei dem Namen »Havanna« vorab an nackte Haut. Doch gehört die nicht besagten Tänzerinnen, sondern jenen kaffeebraunen Schönheiten, die in großen Hallen Tag für Tag hunderte von Cigarren auf ihren nackten Oberschenkeln rollen. Wie so vieles, das mit dieser Karibik-Kapitale in Zusammenhang gebracht wird, gehört auch das in den Bereich der Legende.

San Cristóbal de La Habana – allein schon der eigentliche Name von Kubas Metropole lässt das flirrende Treiben in dieser Stadt lebendig werden. Hier klingt die Musik des Salsa mit, jenes Tanzes, der Elemente des afrokubanischen Jazz, der mexikanischen Ranchera, der Rumba, des Bossa Nova wie des Latin Rock und der puertoricanischen Jibaro-Musik in sich vereint, die wiederum auf die volkstümliche kubanische Tanzmusik der 1930er und 1940er Jahre zurückgeht. Da werden Erinnerungen wach an eine Zeit, als die Stadt zahlreiche Glücksritter und Lebemänner, Potentaten, Spieler und solche, denen Vergnügen über alles geht, wie ein Magnet anzieht. Die Vereinigten Staaten sind nicht weit, und was in Miami verboten ist, das ist es in Havanna noch lange nicht – und wenn doch, so lässt sich durch ein Bündel Dollarnoten Illegales in Legales umwandeln. Die Stadt quillt über

von Bars und Bordellen, Cafés und Casinos, von Lokalen und Tanzschuppen, und die altehrwürdigen kolonialen Bauten der Altstadt liefern dazu eine Silhouette, die so gar nicht passt zu dem Treiben auf den Straßen und Gassen, den Höfen und Hinterhöfen. Wer etwas auf sich hält – und das tun sehr viele –, der stellt seinen Reichtum zur Schau, etwa, indem er sich mit einer jungen Kubanerin im Arm, einer Flasche Rum auf dem Tisch und einer Havanna im Mund exhibitioniert.

Ja, die Havanna, sie ist zu dieser Zeit schon längst eines der Symbole von Reichtum und Macht. Diejenigen, die es sich leisten können, eine Havanna nach der anderen zu rauchen, tun damit jedem kund, dass sie es »geschafft« haben. Gleichwohl auch zum Synonym für feine Lebensart geworden, bewegt sich die Havanna sozusagen in »besseren Kreisen«, einerlei, ob den jeweiligen Kreisen Bankleute und Großindustrielle oder Generäle und Minister oder Honoratioren und Würdenträger oder Bildhauer, Komponisten, Maler, Musiker und Schriftsteller angehören.

Angefangen hat das alles ein gutes Jahrhundert zuvor. Man schreibt das Jahr 1810. In diesem Jahr nimmt nicht nur die erste Cigarrenmanufaktur auf nordamerikanischem Boden, und zwar in Hartford im Staate Connecticut, ihre Arbeit auf, sondern in diesem besagten Jahr erscheint auch ein gewisser Bernardino Rencurrel auf dem Registerbüro für Warenzeichen in Havanna, um dort seinen Namen eintragen zu lassen, welcher zugleich auch der seines Produkts ist: eine Cigarre. Die erste Havanna-Marke ist geboren.

Wie viele Cigarren Señor Rencurrel, seines Zeichens Tabakpflanzer und Cigarrenmacher, jemals produziert und wie lange er jene Cigarren verkauft hat, die seinen Namen trugen, ist nicht überliefert. Ein anderer Cigarrenmacher, der gleichfalls in ebendiesem Jahr den Namen seiner Cigarre als Warenzeichen registrieren lässt, ist dagegen erwiesenermaßen sehr erfolgreich. Seine Marke gehört bis weit ins 20. Jahrhundert zu den besten und bekanntesten Havannas, die auf dem Markt zu haben sind – erst die Entscheidung Fidel Castros, mit der ›Siboney‹ nur noch eine einzige Cigarrenserie mit lediglich vier Formaten herstellen zu lassen, bedeutet das Ende dieser Marke. Ihr Name: ›Cabañas y Carbajal‹. Auch als der Máximo Líder seinen Fehler korrigiert, fehlt dieser Name auf der Liste jener alteingeführten Havanna-Marken, die wieder produziert werden dürfen. Erst Jahre später wird die ›Cabañas y Carbajal‹ wiedergeboren, führt aber bis heute ein eher marginales Dasein.

Zu erwähnter Zeit, also zu Beginn des 19. Jahrhunderts, gibt es schon etliche Cigarrenmanufakturen auf Kuba, insbesondere in Havanna, doch die Señores Rencurrel und Cabañas sind die ersten gewesen, die ihre Cigarren als Mar-

ken haben eintragen lassen. Die ›H de Cabañas y Carbajal‹, so die vollständige Bezeichnung, ist auch Namensgeber der Fábrica, in der sie hergestellt wird. Das belegt ein Eintrag, der dieses Mal im Handelsregister Havannas zu finden ist und der die Zulassung einer Fabrik mit angrenzendem Verkaufsladen festhält. In besagtem Eintrag von 1810 – wahrlich ein geschichtsträchtiges Jahr – ist unter anderem zu lesen: »Francisco Cabañas, geboren in Havanna, ledig, hat in der Jesus del Monte Avenida einen Laden eröffnet, der sich zuvor in der Calle Jesus Maria befand.«

Der nächste Eintrag im Warenzeichenregister von Havanna, der eine Cigarre betrifft, erfolgt erst gut zwanzig Jahre später: ›Por Larrañaga‹ ist dort 1834 festgehalten, womit diese Marke – nach der eher bescheiden auftretenden ›Cabañas y Carbajal‹ – die älteste Havanna ist, die heute noch hergestellt wird. Danach geschehen die Eintragungen in immer kürzerer Folge. Von den vielen Marken, die registriert werden, seien jedoch nur die genannt, die bis in unsere Zeit überlebt haben: ›Ramón Allones« (1837), ›Punch‹ (1840), ›H. Upmann« (1844), ›Partagás‹ (1845), ›El Rey del Mundo‹ (1848), ›Romeo y Julieta‹ (1850), ›Hoyo de Monterrey‹ (1865).

Vom Tabaklieferanten zum »Mutterland der Cigarre«

Warum die kubanische Cigarrenindustrie gerade in dieser bewegten Zeit einen so rapiden Aufschwung nimmt, hat mehrere Gründe …

Seit Mitte des 17. Jahrhunderts wird nahezu der gesamte Rohtabak, der auf Kuba geerntet worden ist, zur Iberischen Halbinsel verschifft, um in Sevilla zu Cigarren verarbeitet zu werden. Rund ein Jahrhundert später gehen Nachkommen der ersten spanischen Kolonisten auf Kuba dazu über, vermehrt selbst Cigarren herzustellen, nachdem sie den Anbau der Tabakpflanzen weiterentwickelt haben. Als dann irgendwann zu Beginn der zweiten Hälfte des 18. Jahrhunderts Torcedores der ›Königlichen Cigarren-Manufakturen‹ bei einer Importsendung feststellen, dass die aus Kuba importierten Blätter wie stets die Überseereise gut überstanden haben, dass sich jedoch die in Sevilla hergestellten Cigarren mit den in hervorragendem Zustand befindlichen aus Havanna, die, in kleiner Zahl, ebenfalls die betreffende Reise angetreten haben, absolut nicht messen können, wollen sich die Spanier mit ihrer Sekundärqualität immer weniger zufrieden geben. In den Jahren darauf geht die Cigarrenproduktion in Spanien allmählich zurück, während die auf Kuba in gleichem Maße ansteigt. Um die Jahrhundertwende wird dann der Niedergang der spanischen Manufakturen endgültig eingeläutet.

In der Folgezeit kehren dann zahlreiche Spanier ihrem Heimatland den Rücken und lassen sich auf Kuba nieder, um dort der Tätigkeit nachzugehen, die sie beherrschen wie wenige andere: Sie machen Cigarren.

Der eigentliche Aufschwung jedoch, den die Havannas im 19. Jahrhundert nehmen, ist in erster Linie auf ein Dekret König Ferdinands VII. zurückzuführen, das im Jahre 1821 in Kraft tritt. Hierin gewährt er der immer noch unter spanischer Herrschaft stehenden Insel Kuba freien Handel. Als dann noch gegen Mitte des 19. Jahrhunderts die Produktionstechniken in den

Fábricas erheblich verbessert werden können und dadurch die Qualität der Cigarren kontinuierlich steigt, setzt ein wahrer Havanna-Boom ein.

Die Cigarren gewinnen an Farbe

Zu dieser Zeit, 1850, kommt dann ein kleines Papier auf den Markt, ohne das der weitaus überwiegende Teil der angebotenen Cigarren auch heutzutage nicht mehr auskommt: die Bauchbinde. Es ist der deutschstämmige Gustav Bock, der die Bauchbinden als erster einführt. Der findige Cigarrenhändler, der zunächst mit dem Im- und Export von Havannas und später mit der Herstellung eigener Cigarrenmarken gutes Geld verdient, denkt dabei weniger an die Ebenmäßigkeit gepflegter Finger, deren Erhalt so manchem adligen und honorigen Cigarrenraucher unendlich zermürbendes Kopfzerbrechen bereitet – Don Gustavo denkt also nicht daran, diese Finger vor jeglicher denkbarer Unbill zu schützen, sondern hat damit etwas ganz anderes im Sinn. Die Idee mit den Anillos entspringt vordergründig schlichtem, schnödem Mammondenken: Durch diese Papierringe – die ersten sind in Weiß gehalten – sollen sich Bocks Cigarren von denen der Konkurrenz unterscheiden. Das tun sie denn auch – jedoch nicht lange.

Mit der damaligen Verbreitung der Lithografie ist es bald leicht möglich, diese Papierringe farbig zu bedrucken – und schon kurze Zeit nach Einführung der Bauchbinde präsentiert sich eine farbenfroher als die andere. Nahezu tagtäglich entstehen neue kleine Kunstwerke, welche die verschiedensten Cigarren verschönern. Ins Auge fallende Symbole sind darauf zu sehen, ebenso Schriftzüge in Goldprägung. Der Möglichkeiten, eine Bauchbinde unverwechselbar und individuell zu gestalten, gibt es jedenfalls zusehends mehr.

Die schönen (braunen) Töchter anderer Mütter

Nicht nur auf Kuba, sondern auch andernorts wird die Kunst des Cigarrenmachens gepflegt. So etwa in Honduras. Hier entstehen schon im 18. Jahrhundert einige Cigarrenfabriken, aber erst mit der Ankunft zahlreicher Exil-Kubaner, die sich hier nach der 1959 erfolgten Castro-Revolution niederlassen, erwacht die heimische Cigarrenproduktion aus ihrem Dornröschenschlaf, beginnt ein spürbarer Aufschwung der honduranischen Cigarrenindustrie, deren Höhenflug bis heute andauert.

Auch Nicaragua gehört, ebenso wie Mexiko, zu den Provenienzen, in denen auf eine lange Cigarrentradition zurückgeblickt werden kann, wobei das Nachbarland von Honduras das ehemalige Territorium der Azteken und Mayas schon seit langem an Ansehen und Wirksamkeit hinter sich gelassen hat, woran auch die mehr als ein Jahrzehnt andauernden innernicaraguanischen Erschütterungen – auf der einen Seite die Sandinisten, auf der anderen die Anhänger des Diktators Somoza sowie die von den Vereinigten Staaten unterstützten Contras – letztendlich nichts geändert haben. Um der Vollständigkeit Genüge zu tun, seien noch Costa Rica, Jamaika und Panama genannt, doch besitzen diese Provenienzen, was Tabakanbau und Cigarrenherstellung anbelangt, lange nicht den Status der zuvor genannten Länder. Ganz anders verhält es sich mit der Dominikanischen Republik, mittlerweile das Land mit der bedeutendsten Produktion von Premium-Cigarren weltweit, obwohl hier erst im Jahre 1903 mit der Fábrica ›La Aurora‹ des Eduardo León Jimenes die erste Cigarrenmanufaktur ihre Arbeit aufgenommen hat.

Ursprung Peru

Obwohl das südamerikanische Land nicht auf eine ausgewiesene Tabaktradition wie andere Regionen verweisen kann, hegen Wissenschaftler keine Zweifel: Das *Nicotiana tabacum* hat seinen »genetischen« Ursprung in den Hochebenen der Anden von Peru und Bolivien. Nachdem ›Davidoff‹, innovativ wie immer, im Jahre 2003 den Anfang gemacht und sich zu dem Tabak aus Peru für die Einlagen der beiden neuen ›Zino Platinum‹-Serien ›Crown‹ und ›Scepter‹ bekannt hat, gerät dieser Cigarrentabak ganz allmählich ins internationale Blickfeld anderer renommierter Produzenten.

Heute wird der peruanische Tabak vorwiegend im Norden des Landes angebaut, und zwar am östlichen Ausläufer der Anden. Er weist eine respektable mittlere Stärke auf und verfügt über recht komplexe Aromen. Dieser Tabak hat gute Brandeigenschaften und ist, wie schon gesagt, sehr geeignet für Einlage-Mischungen, aber auch als Umblatt durchaus zu verwenden.

Bevor wir uns den großen Tabakländern Brasilien und Indonesien zuwenden, dürfen auf keinen Fall Connecticut, Ecuador und Kamerun sowie die Kanaren vergessen werden. Während aus den erstgenannten Regionen beziehungsweise Ländern hervorragende Deckblätter kommen, ist die Cigarrenindustrie der Kanarischen Inseln seit jeher von kubanischen Tabacaleros beeinflusst und gefördert worden, sind doch die Eilande vor der Küste Nordwestafrikas stets die letzte Station von Abenteurern, Conquistadores und Kaufleuten gewesen, ehe sie über den Großen Teich gen Westen segelten – und sie sind auch stets, sofern nicht die Karibik beziehungsweise Mittel- und Südamerika als Ziel gewählt worden ist, erster Fluchtpunkt derjenigen Kubaner gewesen, die ihr Land aufgrund von Unruhen und Repressalien verlassen haben, um sich hier eine neue Existenz aufzubauen.

Bleiben noch die zwei großen Tabakländer Brasilien und Indonesien. Seit Jahrhunderten werden hier erstklassige Cigarrentabake angebaut, die zum einen als Einlageblätter wie auch, zum anderen, als Um- und Deckblätter Verwendung finden. Obwohl gerade in Brasilien der dort produzierte Tabak auch zu Cigarren verarbeitet wird, gehören beide Länder weltweit zu den bedeutendsten Tabakexporteuren. Vor allem zu Westeuropa bestehen seit der zweiten Hälfte des 18. Jahrhunderts intensive tabacophile Handelsbeziehungen, und wie ehedem zählen Hersteller in den Niederlanden, in Deutschland und in der Schweiz – bedingt auch in Österreich – zu den Hauptabnehmern brasilianischer und indonesischer Cigarrentabake.

Ein Auf und Ab

Seit Tabak zu Cigarren verarbeitet wird, gibt es durchweg über die Jahrhunderte – wenn auch mal mehr, mal weniger – Diskussionen, mal vehement, mal zurückhaltend, rund um und über den blauen Dunst. Schwierige Zeiten hat »das übel riechende Kraut« mitgemacht, hat auch das ruhige Fahrwasser kennen gelernt, aber zu allen Zeiten ist die Cigarre nie lautmalerisch aufgetreten. Stets hat sie ihre gesuchten Freiräume gefunden, selbst wenn Obrigkeit und Bürokraten der Sinn danach gestanden hat, ihr den Garaus zu machen. Die größte Gefahr allerdings erwuchs und erwächst ihr aus der eigenen Tabakfamilie. In Gestalt der Cigarette …

»Mit einer gut gewählten Cigarre ist man jederzeit gewappnet gegen die Unbill des Lebens. Ein bisschen blauer Dunst beseitigt auf geheimnisvolle Weise alle Sorgen.«

Zino Davidoff, kosmopolitischer Cigarrenkenner

Vor der Mitte des 19. Jahrhunderts tauchen hier und da die ersten Cigaretten auf. Pfeife und Cigarre haben sich zu diesem Zeitpunkt schon lange etabliert. Das gepflegte (Cigarren-)Rauchen findet überwiegend in (vornehmen) Clubs statt, und wer als Raucher an die Öffentlichkeit tritt, indem er beispielsweise ein Varieté aufsucht oder einen Ballsaal ansteuert oder sich in ein Revuetheater begibt, um dort den Cancan-Tänzerinnen unter die Röcke zu schauen oder sich anderweitig zu verlustieren, der bewahrt auch hier seine Contenance: Er zieht wie im Club einen Smoking an, denn wie heute setzt sich auch damals Tabakrauch in den Kleidern fest, insbesondere dann, wenn die Luft damit geschwängert ist und sich rauchiger Nebel über alles und jeden legt.

In diesen Jahren ist ein Smoking eine nahezu normale Garderobe, einzig und allein dazu gedacht, anstelle der üblichen Kleidung angezogen zu werden, sobald viel Rauch im Spiel ist. Auf diese Weise wird so mancher Gehrock geschont. Am Anfang seiner Geschichte hat der Smoking also einen ganz anderen Stellenwert, als er ihn heutzutage innehat. Er ist schlicht und einfach ein banales Ersatzkleidungsstück.

Das ändert sich, als seine Schnitte modischer werden. Nun gehört es zum guten Ton (und zum eleganten Stil), sich mit einem Smoking zu zeigen. Der dandyhafte irisch-englische Schriftsteller Oscar Wilde, der nicht nur mit seinem *Bildnis des Dorian Gray* für Aufsehen sorgt und stets in feinem Zwirn gewandet ist, unterstreicht seine elegante Lässigkeit häufig mit einer Cigarette in der Hand. Das geschieht um 1880, und zu jenem Zeitpunkt ist die Cigarette durchaus salonfähig geworden. Zwar bestimmt die Cigarre nach wie vor das (rauchige) gehobene Gesellschaftsbild, aber ihrem schlanken Pendant haftet gewisslich etwas Feinsinniges, Feminines, ja Sinnliches an. Intellektuelle Freigeister wie Oscar Wilde tragen nicht unerheblich zu diesem Bild bei.

Allmählich wird die Cigarette hof- und gesellschaftsfähig, auch und gerade im Kaiserreich der Deutschen, also in jenem Land, in dem das Obrigkeitsdenken besonders stark ausgeprägt ist – und da Wilhelm II. eifrig Cigaretten raucht, halten es nicht wenige seiner Untertanen für ihre vaterländische Pflicht, es ihm gleichzutun. Anders sieht es dagegen in England aus, wo der Prince of Wales, der nachmalige Edward VII. (und Cousin Wilhelms II.), wie eh und je hemmungslos seiner Cigarrenleidenschaft frönt.

Wie dem auch sei: Die Cigarette etabliert sich allmählich. Mehr und mehr hält sie Einzug in die gehobene Gesellschaft. Sie gehört um die Jahrhundertwende einfach zum guten Ton. In zahlreichen angesehenen Restaurants richten die Besitzer Rauchsalons ein, in den Hotels der Luxusklasse gehören solche Einrichtungen zum Standard, und in den Bars der noblen Herbergen sieht man immer häufiger elegant gekleidete Frauen, welche schlanke und in unschuldigem Weiß gehaltene Cigaretten kapriziös zum Mund führen, während die meisten Männer – trotz Wilhelm II. – nach wie vor ihre Cigarren paffen. Selbst an Spieltischen ist es gang und gäbe, dem blauen Dunst nachzugeben.

Zu dieser Zeit haben Cigarren und Cigaretten bedeutend mehr gemein, als das heute generell der Fall ist. Sieht man einmal davon ab, dass die Cigarette ohne Papier nicht auskommt, bestehen beide Rauchobjekte zu einhundert Prozent aus Tabak, weisen also keinerlei Zusatzstoffe auf, und zudem ist der weitaus überwiegende Teil der schlanken Tabakprodukte von Hand gemacht.

Dass nicht nur die ersten Cigaretten, sondern auch jene der Belle Époque vornehmlich von Hand hergestellt werden, mag heute ein wenig überraschen. Zwar gibt es schon seit Mitte der 1860er Jahre Cigarettenfabriken in Deutschland, doch handelt es sich hier nahezu ausschließlich um reine Manufakturen. Erst zwei Jahrzehnte später erfolgen erste Versuche der maschinellen Herstellung. Diese Art der Fertigung wird zunächst in den Vereinigten Staaten und im Nahen Osten, vor allem in Kairo, in großem Stil betrieben. Aber in der Zeit, die hier beleuchtet wird, sind es in Europa die vielen kleinen Manufakturen, oftmals nur aus einem Mann bestehend, welche Cigaretten fertigen und praktisch den gesamten Markt bedienen. Diese Leute verstehen sich daneben auf die Kunst des Tabakmischens, können somit den Wünschen ihrer einzelnen Kunden nach individuellen »Blends« nachkommen, auch nach ausgefallenen Anliegen, indem sie beispielsweise Cigaretten mit goldenen Mundstücken versehen oder auf dem (seidenen) Papier einen hauchdünnen Stempel mit den Initialen oder dem Wappen des Auftraggebers anbringen. Zino Davidoffs Vater Hillel in Genf ist so jemand, der diese hohe Kunst des Cigarettenmachens beherrscht.

Es sind schließlich nicht jene vielen Ein-Mann-Manufakturen, welche am Status der Cigarre rütteln, sondern es sind die wenigen Fabriken, welche mit ihrer industriellen Massenproduktion die Cigarette auch zum Produkt für die Massen machen. Der schmale Glimmstängel ist mit einem Mal so preiswert, dass es sich nahezu jeder leisten kann, sich wenigstens hin und wieder dem Nikotinkonsum hinzugeben. Diese maschinelle Fertigung kommt in den 1920er Jahren auf, und so gestalten sich die »Goldenen Zwanziger« zunächst allmählich, dann immer stärker für die Cigarre in gar nicht schönen Farben.

Aber die Cigarre erholt sich wieder, und wie eh und je sucht sie sich ihre Nischen, etwa Bars und Clubs, und etliche Jahrzehnte später, in den 1990ern, erlebt sie gar einen regelrechten Boom, losgetreten in den Vereinigten Staaten, in denen es auf einmal zum guten Ton gehört, sich mit dem neuen Statussymbol zu zeigen, das da »Cigarre« heißt. In kurzer Zeit entwickelt sich die Cigarre über dieses Attribut hinaus, wird Sinnbild des gehobenen blauen Dunstes, steht für einen gepflegten Lebensstil, wird Teil einer sich immer stärker etablierenden Genusskultur.

Erneut ist es die Cigarette, die dunkle Wolken am nunmehr so strahlend erscheinenden Horizont der Cigarre heraufziehen lässt. Als von »Additiven«, »Blähtabak«, »Tabakstaub«, »Zusatzstoffen« und ähnlich unschönen Begriffen im Zusammenhang mit der Cigarette die Rede ist, kommt die Zeit der Bürokraten, die allerorten Rauchverbote, selbst in den eigenen vier Wänden, fordern (und sie teilweise auch durchsetzen) und weitere Beschränkungen im Tabakbereich im Sinn haben – ohne dabei auch nur daran zu denken, zwischen den verschiedenen Tabakprodukten zu differenzieren.

Die Freiheit des »Marlboro-Mannes« ist mittlerweile zur Farce geworden, und die Cigarre scheint in den Abwärtssog hineingezogen zu werden, in den die Cigarette geraten ist. Aber die Cigarre wird sich erneut ihre Nischen suchen, in Clubs, in Rauchsalons, in den Kaminzimmern Gleichgesinnter, dort, wo Connaisseure einen gehobenen Lebensstil pflegen …

Die besten Cigarren der Welt

Auf die Frage nach der besten Cigarre gab Zino Davidoff, der große Philosoph der Cigarre, einmal die folgende Antwort: »Die beste Cigarre ist immer die, die Sie gerade rauchen.« Der Grand Old Man der tabacophilen Genusskultur wollte damit sagen: Es gibt sie nicht, die beste Cigarre, die, die zu jedem Anlass und zu jeder Tageszeit passt. Aber wir haben unendlich viele zur Auswahl, und die Kunst ist es, die in der jeweiligen Situation am besten geeignete Cigarre auszuwählen. Dazu bedarf es einiger Erfahrung. Letztendlich muss aber jeder selbst herausfinden, welche Cigarre ihm wann zusagt. Neben ersten Erläuterungen auf den sich direkt anschließenden Seiten hierzu drei Ratschläge: probieren, probieren, probieren …

Allerdings: Die Cigarren, die in diesem Buch vorgestellt werden, gehören auf jeden Fall zum Besten, was die Cigarrenwelt bereithält. Und so ist jede erwähnte Cigarre Orientierung, Hinweis und Anleitung zugleich, denn, wie gesagt, es sind stets die eigenen Geschmacksnerven, die entscheiden – und denen wir es gestatten sollten, uns zu leiten. Sie lassen sich weder beeinflussen noch überlisten, schon gar nicht vergewaltigen. Vertrauen wir ihnen – und wir werden es nicht bereuen …

Was im selben Bett liegt, muss nicht verheiratet sein ...

Was hat eine solche Aussage in einem Cigarrenbuch zu suchen? Ist es einfach ein plumper Machospruch oder simple Wahrheit? Letztendlich wohl beides. Geboren wurde diese Aussage jedenfalls in einer Küche in Berlin, genauer gesagt an der Tellerausgabe in der mit einem ›Michelin‹-Stern und vielerlei anderen Auszeichnungen geehrten Küche des Genusstempels ›Vau‹.

Küchenchef Kolja Kleeberg beantwortete mit dieser kulinarischen Metapher die Frage eines Lehrlings, der eine Kombination von Zutaten auf einem Teller etwas gewagt fand. Im Speziellen ging es in diesem kleinen Geplänkel um die Herkunft der Produkte, die oft auf eine sensorische Verträglichkeit schließen lässt.

Wer sensorisch sicher ist, kann vereinen, was keinen Trauschein hat. So kommen äußerst wohlschmeckende Kombinationen wie Ochsenmark und Steinbutt, Schokolade und geschmortes Fleisch in den Küchen der großen »Chefs« auf die Teller oder Aromen wie Litschi und Rum oder grüner Tee und Whisky in die Cocktails der begabtesten Bartender. In den Eisdielen und Patisserien sind Spargeleis und Steinpilzpralinen keine Seltenheit mehr, und wer sich traut, wird in der Regel geschmacklich trefflich belohnt. Und ohne große Probleme kann, wer Mut und ein bisschen sensorisches Vorstellungsvermögen hat, Rotwein und Schokolade, Bier und exotische Früchte kombinieren. Das gilt für Bars und Restaurants, für industrielle Nahrungsmittel oder ganz einfach für den ganz privaten Rahmen zu Hause.

... fühlt sich aber meist zusammen wohl

Allerdings war der Einwand des Auszubildenden am Küchenpass sehr berechtigt, denn erfahrungsgemäß sind regionale Küche und saisonale Auswahl von Produkten für alle Speisen, Getränke und deren Kombinationen keineswegs nur »alte Klassiker« für konservative Genießer. Gezeigt hat sich vielmehr über den gesamten Zeitraum, in dem Rezepte und passende Begleiter für die fertigen Gerichte aufgezeichnet worden sind, dass eine gemeinsame Herkunft oft das Basisfundament für eine geschmackliche Harmonie ist.

Aber weshalb vertragen sich beispielsweise Camembert und Calvados so gut? Weil die Apfelbäume, welche die Früchte für den Brand tragen, und die Kühe, welche die Milch für den Käse geben, die gleiche Luft atmen, und das Gras, das die Kühe fressen, auf demselben Boden wächst wie die Apfelbäume. Und schon haben wir das Terrain der simplen Wahrheiten betreten, die bei näherer Betrachtung bei fast allen klassischen Kombinationen der Kulinarik zum Tragen kommen. Oft muss man allerdings schon sehr genau hinschauen, um »dasselbe Bett« zu erkennen, wie zum Beispiel im Fall von ›Sancerre‹ und frischen Austern: Bekannt ist, dass der ›Sancerre‹ von der Loire kommt, jenem wunderbaren Flusslauf mit den beeindruckenden Schlössern. Da die Austern bekanntermaßen aus dem Atlantik kommen, liegen die Herkunftsgebiete dieser beiden Spezialitäten hunderte Kilometer auseinander – im Glas und auf dem Teller, auf den Speisekarten der besten Restaurants und an den Austernbars auf der ganzen Welt sind sie aber kaum voneinander wegzudenken.

Sensorischer Zufall? Keineswegs. Zum Tragen kommt die schöne Mineralik, die der ›Sauvignon Blanc‹ transportiert, also die Rebsorte, aus welcher der ›Sancerre‹ erzeugt wird. Diese frische Mineralik wiederum kommt aus den Böden, auf denen die Reben wachsen und sich aus metertiefen Schichten das Wasser holen. Der Boden seinerseits ist von urzeitlichen geologischen Veränderungen geprägt, und im Falle des Loire-Beckens haben sich vor knapp zweihundertvierzig Millionen Jahren, im mittleren Trias, unfassbar große Muschelbänke abgelagert, deren Kalk noch heute die Weine der Region beeinflusst. Und so harmoniert ein junger, frischer ›Sancerre‹ nicht nur mit Austern, sondern auch mit Jakobsmuscheln, Vongole und den meisten anderen Schalen- und Krustentieren.

Die Qual der Wahl

Im Falle von Cigarren ist die Herkunft leichter zu bestimmen als bei vielen anderen Produkten. Vor allem die Karibik, Mittelamerika, Zentralafrika (bevorzugt für Deckblätter), Gebiete in Südamerika und Teile Asiens bauen Tabak an und produzieren in den meisten Fällen auch selbst Cigarren. Diese Regionen sind alle äquatornah und klimatisch eher tropisch geprägt. Dementsprechend produzieren vor allem ärmere Länder Cigarren – Länder, deren Vegetation zwar mannigfaltig ist, deren kulinarische Möglichkeiten allerdings meist begrenzt sind.

Durch Kolonialismus zwar europäisch geprägt, aber der eigenen Kreativität beraubt oder durch politische Unsicherheiten einfach unterversorgt, sucht der Connaisseur auf seinen Reisen nach Kuba oder Kamerun die raffinierten Küchen vergeblich. Und auch die Anbaugebiete für Wein und die für Tabak überschneiden sich kaum. Bildlich gesehen reihen sich die Weinprovenienzen praktisch wie zwei Ringe um unseren Planeten, und zwar jeweils deutlich nördlich und südlich des Äquators. Wein wird also vor allem in Industriestaaten und aufstrebenden Nationen produziert.

Die Tabak erzeugenden Länder wiederum sind in einem mittleren Gürtel zu Hause, der den Äquator umschließt. Sie haben eine besondere Spirituosenkultur, ähnlich wie die Länder, die weiter nördlich und südlich der erwähnten Weingürtel unseres Rotationsellipsoiden liegen. In den Tropen finden wir Rum, Cachaça, Tequila und Arrak, dazu vielerlei Fruchtsäfte und Gewürze für exotische Cocktails und Longdrinks. In den kälteren Regionen produzieren die Briten, Schotten, Iren, Amerikaner und Kanadier den Gin und den Whisk(e)y, im skandinavischen Nordeuropa und Russland wärmt man sich in langen Winternächten mit Wodka, Absinth und Aquavit. Dazu kommen, um die Verwirrung komplett zu machen, aus den Wein erzeugenden Regionen die Weinbrände und Cognacs, die Brandys und Armagnacs.

Also was nun kombinieren? Verheiratet oder nicht? Im gleichen Bett gezeugt oder nur geschmacklich zusammen passend? Die Kombinationsmöglichkeiten scheinen unendlich zu sein. Hier sind Vorstellungskraft und ein wenig Mut eines jeden Einzelnen gefragt …

Die grössten Fehler bei der Suche nach dem richtigen Begleiter

»Und jetzt einen schönen Bordeaux!« Dieser Ausruf, meist aus dem Munde reiferer Herren auf dem Höhepunkt eines besonderen Abends kommend, in dem Moment, wenn ein gut bestückter Humidor in greifbare Nähe gerät, dürfte jedem Hausdiener oder Butler, Steward oder Kellner bekannt vorkommen. Man ruft nach der Königsklasse »Rotwein und Cigarre« (die oft leider nicht halten kann, was sie verspricht). Es ist nur zu verständlich, beides zu wollen, aber bedauerlicherweise lässt die Situation meistens nur eine von beiden Komponenten zu.

Im Falle von Rotwein und Cigarren macht meistens »Teufel Tannin« dem Genießer einen Strich durch die Rechnung. Das Rückgrat eines guten, kräftigen Rotweins ist seine Tanninstruktur. Diese Gerbstoffe sind nicht nur für die Lagerfähigkeit der Weine wichtig, sondern auch als Katalysatoren für die Geschmacksstoffe. Aber nicht nur Rotwein, vor allem solcher junger Natur, ist bis an die »sensorische Hutschnur« voll mit Tanninen, sondern Cigarren sind es auch. Gerbstoffe entstehen nämlich bei allen Fermentationsvorgängen – bei der alkoholischen Gärung ebenso wie bei der temperaturkontrollierten Trocknung der Tabakblätter. So wie alle intensiven Geschmäcker unseren Gaumen an eine individuelle Belastungsgrenze führen, sind zu viele Gerbstoffe oft das große rote Stoppschild für eine gelungene Kombination.

Passen leichtere Cigarren, die gerne tagsüber geraucht werden und weniger Gerbstoffe haben, also besser zu Rotwein? Die Frage ist mit einem »Ja« zu beantworten (meistens zumindest). Nun wird aber tagsüber weniger Rotwein getrunken als abends, weil zu Tagesgetränken eher Kaffee oder Tee, Säfte, Schaumwein oder Weißwein gehören.

Während leicht gesüßte Tees oder Kaffees milde und feinwürzige Cigarren meist ganz gut begleiten können, haben wir bei Schaumwein und Weißwein oft ein ähnliches Problem wie mit den Gerbstoffen, nämlich das der Säure. Wein- und Fruchtsäure machen kalte Getränke mit und ohne Alkohol lebendig und frisch. Werden Fruchtsäfte oft gesüßt, um das Geschmackserlebnis abzurunden, herrscht hingegen bei Weißwein, Sekt und Champagner seit langen Jahren »Trockenzeit«: ›brut‹, ›sec‹ und ›trocken‹ sind die Zauberwörter, die der Verbraucher auf den Etiketten lesen möchte. Wobei ein wenig Mut zur Restsüße doch in vielen Fällen die sensorische Verträglichkeit mit anderen guten Dingen des Lebens deutlich nach oben korrigieren würde. Wenn die Säure im Wein, so wichtig sie auch ist, nicht durch ein wenig Süße abgefedert wird, droht wie beim Tannin eine unangenehme Dopplung von Eindrücken, denn auch Cigarrenrauch am Gaumen kann, muss und soll von Säureempfindungen geprägt sein. Gerade im späteren Rauchverlauf entsteht dann mit einem zu trockenen Wein oft ein Gesamteindruck, der dem einer Kupfermünze auf der Zunge ähnelt. Diese metallische Aromatik erinnert nicht nur an römische Totenbräuche, sondern schmeckt auch einfach nicht.

Was bei modernen Weinen der Restzuckergehalt ist, ist bei Schokolade der Kakaoanteil und bei Kaffee die Klein-Schwarz-Stark-Manie – beides hinterlässt beim Cigarrenfreund gerne mal statt eines langen, schönen Nachhalls einen bitteren Beigeschmack. Und während man Espresso wenigstens noch zuckern kann, bleibt Schokolade so bitter, wie sie der Chocolatier geschaffen hat. Oft legen sich zu viele Bitterstoffe, die ja auch in vielen Cigarren vorkommen, wie ein Teppich auf die Geschmacksknospen und lassen keine anderen Eindrücke mehr zu. So wird aus einer freudig erwarteten, intensiven »Herrenkombination« schnell eine platte und unbefriedigende Eindimensionalität.

Cigarren werden oft in feierlichen Momenten geraucht. Um einen schönen Moment zu begehen, öffnen wir unsere Humidore und greifen zu den dicken und großen, lange gereiften exklusiven und teuren Pretiosen. Das ist schön und gut und richtig so. Besonders großzügige Aficionados stellen ganze Kisten von Cigarren auf die Tafeln, die sich vorher schon unter dem Silber und dem Porzellan, den Speisen und Getränken gebogen haben, und laden dazu ein, sich zu bedienen. Viele Genießer verfahren nach der Maxime: Was gut schmeckt, tut gut, und manchmal hilft viel auch viel. Wenn es aber um besonders teure Cigarrenbegleiter geht, sei davor gewarnt, die Qualität der Kombination am Preis der einzelnen Partner zu messen. Genussprodukte wie Wein, Cognac oder Whisk(e)y präsentieren sich mit zunehmender Qualität und steigendem Preis in der Regel besonders vielschichtig und gerne eher filigran als robust. Da oft eine lange Lagerung, sprich das Alter des Brands oder des Weins, mit einem hohen Preis einhergeht, ist es vielfach angeraten, die gesamte sensorische Wahrnehmung auf diesen einzigartigen Geschmack auszurichten, statt Gaumen und Zunge mit zwei Eindrücken über die Maßen zu belasten und sowohl das Geschmacksempfinden als auch die Situation zu überfordern. Der Rauch einer ganz hervorragenden Cigarre legte sich »… wie ein feiner Schleier über eine schlafende Schönheit …« hieß es über einen 1975er Jahrgangs-Cognac aus der Grande Champagne. Alle Verkoster mussten einsehen, dass dieser Cognac alleine wie ein Solitär strahlen muss, die Cigarre hingegen warten und mit demselben Vergnügen danach geraucht werden sollte.

Besonders alte Rotweine verlieren zwar ihr Tanningerüst und gewinnen mit dem antiken Reifeton gerne auch an Süße und Tiefgang, aber die wenigsten dieser Weine, die nach zwanzig oder dreißig oder gar fünfzig Jahren nicht nur preislich, sondern auch am Gaumen ein ganz besonderes Erlebnis sind, eignen sich wirklich als Cigarrenbegleiter. Es ist fast respektlos, einem solchen Wein einen Partner anzubieten, ganz so, als wäre er alleine nicht Faszinosum genug. Ebenso ist es durchaus möglich, dass eine gut gelagerte gereifte Cigarre am besten mit einem Glas Wasser schmeckt – dann nämlich, wenn die Vermählung der einzelnen Blätter so gelungen ist, dass sich feine, filigrane Aromen und Eindrücke im Rauch finden lassen, die unter jedem anderen Partner leiden würden oder nicht mehr erkennbar wären.

Wahre Genießer scheuen selten Kosten, um sich und anderen etwas Gutes anbieten zu können, sind aber in der Regel auch intelligent genug, um Lebensqualität nicht nur über den Preis zu definieren.

Einfache Wege und der Faktor Situation

Schon bei der Auswahl der Cigarre durch den Connaisseur sind in der Regel weder Deckblattfarbe noch Herkunft der Cigarre auslösende Momente. Wer eine bestimmte Situation mit einer passenden Cigarre veredeln möchte, wird sich in erster Überlegung für ein Format entscheiden, das dem Zeitfenster entspricht, welches er mit Rauch zu füllen gedenkt. Danach erst wird die Entscheidung über die bevorzugte Provenienz und die Marke, die Stärke und den Geschmack gefällt werden. So passt eine ›Petit Corona‹ deutlich besser in die vormittägliche Zeitungspause als in die ausgedehnte Herrenrunde am Kamin. Letztere Momente lassen sich viel besser mit ›Churchill‹-Formaten oder ›Double Coronas‹ füllen. Es ist also von größter Bedeutung, zunächst die Situation fest im Blick zu haben – auch bei der Wahl des begleitenden Getränks, das ebenso in die Situation passen sollte wie die Cigarre selbst – und schon sind die beiden zu vermählenden Kandidaten näher zusammengerückt, als man vielleicht auf den ersten Blick zu hoffen gewagt hat.

Die morgendliche Zeitungspause am Montag wird sicher eher von der angesprochenen ›Petit Corona‹ und einem Milchkaffee begleitet werden als von einer ›Pyramide‹ und einer heißen Schokolade mit ein wenig Chili und ein wenig mehr Rum, was wiederum nachmittags gerne der Fall sein kann.

Von Situation zu Situation ist die Auswahl von Cigarre und Getränk also meist nur noch »Fine Tuning«. Wenn man versucht, der Lösung des Problems durch reine Überlegungsarbeit nahe zu kommen, sollte man sich zunächst fragen, ob man die Cigarre sensorisch möglichst homogen ergänzen oder eher konträr wirken lassen möchte. So kann sich ein süßer Brandy de Jerez – wenn möglich ein ›Solera Gran Reserva‹ – wunderbar an die Würze, die Bitternis und die Schärfe einer kräftigen, jungen Havanna anschmiegen und gemeinsam mit ihr ein volles und sattes Gesamtbild abgeben. Dieselbe Cigarre kann mit einem frischen, eiskalten, säuerlich-süßen ›Mojito‹ genauso gut schmecken, weil der Limetten-Pfefferminz-Rum-Cocktail erfrischend auf den Gaumen des Rauchers wirkt und immer wieder die Geschmacksknospen auf der Zunge reinigt und aufs Neue aufnahmefähig macht. Andererseits gibt es kaum ein schöneres Erlebnis, als wenn der richtig ausgewählte Portwein in edlem Ambiente auf die richtige Cigarre trifft, sie mit Süße und Tiefe und samtigem Tanningerüst in Beschlag nimmt und beide zusammen dem Raucher ein unvergessliches Aromenspektrum auftun.

Welche Form der Begleitung ist aber jetzt die bessere? Auch hier entscheidet in erster Linie die Situation. In fast allen sonnigen oder warmen Gefilden und unter freiem Himmel kann die erfrischende Kombination die bessere sein: Die ›Mojito‹-Variante funktioniert auf Kuba nachgewiesenermaßen regelmäßig.

Der süße Brandy und die Havanna im Ledersessel bilden wahrscheinlich die klassischste Cigarrensituation. Sie lässt eine Cigarrenlänge lang die Zeit stehen und ist manchmal so intensiv, dass sich in diesen Moment höchstens noch ein gutes Buch *oder* ein getragenes Musikstück eingliedern kann, um den Rahmen der Aufnahmefähigkeit nicht zu sprengen und somit belastend zu werden.

Ein frischer, süßer Schluck ›Riesling‹, veredelt mit der zarten Würze einer schlanken Cigarre, zaubert ein Lächeln auf das Gesicht dessen, der in den Genuss dieser Situation kommt, und macht ihn anziehend, attraktiv und lebendig.

Ein tiefer Zug an einer Cigarre und ein Schluck Cognac: Der Nachhall dieser beiden kann im Gespräch zweier alter Freunde jene Gesprächspause befördern, die zu einer reflektierten Antwort führen und diese Minute unvergessen machen kann.

Also möchten helle und amüsante Situationen eher von frischen und lebendigen Kombinationen beschleunigt werden, während wir, wenn wir Hektik und allzuviel Unruhe besiegen möchten, versuchen sollten, Geschmäcker zu vermählen und einen beruhigenden, langen Gesamtgeschmack zu erzeugen, der den Moment entschleunigen kann.

Da Cigarrengenuss auch mit der Empfehlung, sich überlegt an der Situation zu orientieren, immer noch ein individuelles Erlebnis ist (und sein soll), kann die einzige übergreifende Empfehlung sein: Man suche sich stets die schönsten Momente des Lebens, die man mit einer Cigarre noch zusätzlich veredeln kann …

GESCHMACKLICHE BEGEGNUNGEN

CIGARREN & IHRE BEGLEITER

Rotwein

zwischen Königsklasse und Missverständnis

*»Rotwein ist für alte Knaben
eine von den besten Gaben.«*

Wilhelm Busch hat das gesagt. Der große humoristische Dichter und Zeichner, mit seinen satirischen Bildgeschichten einer der Urväter des heutigen Comics, trank nicht nur gerne einen »Roten«, sondern war auch begeisterter Cigarrenraucher. In gewisser Weise hat seine Aussage heute noch Gültigkeit – obwohl: Rotwein ist nicht mehr nur etwas für »alte Knaben«, entdecken doch immer mehr Vertreter jüngerer Generationen diesen Rebensaft für sich.

Etwas nüchterner kommt die nächste Aussage daher: »Wein aus einer roten Rebsorte, der vor allem in wärmeren, südlichen Weinanbaugebieten erzeugt wird.« So lautet eine der vielen Definitionen für Rotwein. Solche Sätze sind sehr oft zu finden und sagen sehr wenig darüber aus, um was es sich bei einem der beliebtesten Getränke überhaupt handelt. Um die Definition zu konkretisieren, seien zunächst einmal einige Rebsorten genannt: ›Cabernet Sauvignon‹, ›Merlot‹, ›Pinot Noir‹. Festgehalten seien dann die Farben der Trauben: Rot, aber auch schwarz, gar blau in der Optik müssen sie sein, unterstrichen vielleicht noch durch ihre Bezeichnungen (›Blauer Zweigelt‹, ›Black Muscat‹ etc.). Allerdings ist bekannt, dass man aus roten Reben sehr wohl auch Weiß- und Roséwein erzeugen kann.

Hier kommt die Maischegärung ins Spiel, während der die Farbstoffe aus den Schalen, Kernen und Rappen (Stengeln) der Trauben gelöst werden und in den Wein gelangen. Weißwein aus roten Reben, ein ›Blanc de Noir‹ beispielsweise, wird hergestellt, indem besonders vorsichtig gepresst und der Most so schnell wie möglich von den Schalen getrennt wird, während Roséweine Mischungen sind oder durch die »Saignée-Methode« entstehen, wobei die Trauben unter ihrem eigenen Gewicht »ausbluten« und der Most später vergärt. (Übrigens: Rotwein aus weißen Trauben kann man mit legalen Mitteln noch nicht herstellen …) Wenn der Wein dann nicht mehr aufgespritet und zu Portwein, ›Vin doux naturel‹ oder einem anderen Süd- oder Süßwein wird, handelt es sich um Rotwein.

Rotweine gedeihen wirklich bevorzugt in warmen Gegenden. Allerdings werden in den meisten Weinregionen sowohl Weiß- als auch Rotweine angebaut. Ob dann nun die einen oder anderen besser gelingen, liegt, sieht man einmal von den Traditionen ab, vor allem am Boden und an den Rebsorten, die in diesen Landstrichen zu Hause sind. So bringt das Burgund, eine der klassischen Weingegenden, die teuersten Weißweine der Welt und zumindest die besten ›Pinot Noirs‹ auf die bauchigen Flaschen. In der deutschen Pfalz sind es seit Jahren die kräftigen internationalen Reben wie ›Merlot‹ und ›Syrah‹ (›Shiraz‹), die dem ›Dornfelder‹ Konkurrenz machen, und in Chile zum Beispiel sorgen die heißen Tage ebenso wie die kühlen Nächte dafür, dass dort die Rotweine gelingen.

Im Wandel der Zeiten verdrängt seit einigen Dekaden eher der Rot- den Weißwein. Das liegt nicht nur am Trinkverhalten der weltweiten Klientel, sondern auch am globalen Klimawandel. So gibt es Planmodelle, nach denen Brandenburg, wo bis dato wenig (Weiß-)Wein angebaut wird, in rund fünfzig Jahren eine Region sein könnte, in der Rotwein eine nicht unbedeutende Rolle spielt, während vermutet wird, dass sich die »Riesling-Grenze« bis Schweden verschiebt und dass klassische Rotweinanbaugebiete, wie etwa Apulien, nur noch Rosinen produzieren.

Horrorszenarien oder neue Chancen? Weinregionen sind einerseits sehr traditionell geprägt, andererseits auch immer dem Wandel von Geschmäckern unterworfen.

Rotwein wird als einer der großen Klassiker gehandelt, wenn es um die Auswahl eines Begleiters zu einer guten Cigarre geht. Zwischen den beiden herrscht geschmacklich oft ein schönes Geben und Nehmen, aber die wahren Gründe für diese häufig gewählte Kombination liegen selten allein in der sensorischen Verträglichkeit.

Angelo Gaja und sein ›Darmagi‹

Väter und Söhne und die Übergabe eines Erfolgsunternehmens – ein Stoff für Romane und die Regenbogenpresse gleichermaßen. Selten gehen diese Übergaben reibungslos über die Bühne des Lebens. Auf der einen Seite die »Alten«: stark geprägt von ihrem Schaffen und dem langen Kampf um Erfolg; auf der anderen die »Jungen«: hitzig und im Bann vieler neuer Erkenntnisse, müssen und wollen sie sich beweisen – und sie sind überzeugt davon, nicht nur genug Mut und Kraft, sondern auch neue Techniken verinnerlicht zu haben und Visionen umsetzen zu können.

Sorgen neue Ansätze in diversen Bereichen – beispielsweise im industriellen und im Dienstleistungssektor – recht häufig für genügend Reibungen, kann in Winzerfamilien, in denen eine schlechte Ernte die unternehmerische wie auch die familiäre Existenz unter Umständen erschüttert und bei deren Arbeit bedeutend mehr Fingerspitzengefühl und Intuition gefragt sind als bei der Produktion zahlreicher anderer Güter … in Winzerfamilien also kann das Forcieren geradezu avantgardistischer Ideen schon einmal zu einer enormen Belastung führen. So auch in der Winzerdynastie der Gajas, beheimatet in einem der bekanntesten Anbaugebiete Italiens: den Hügeln des Piemont.

Vater Giovanni Gaja wusste um die Realität: Sein Sohn Angelo, der das Gut übernehmen sollte, würde bald seinen ersten eigenen Wein produzieren. Er bot ihm eine besonders gute Lage in Barbaresco an. Angelo erwiderte, er solle sich keine Sorgen machen, denn schon bald werde er den besten Wein der Region herstellen und den Vater damit ehren – er bitte nur um ein paar Jahrgänge Geduld und um entsprechende finanzielle Unterstützung für sein neues Projekt. Der Vater entgegnete, der Weinberg sei bepflanzt und in guter Verfassung – Angelo brauche lediglich auf einen guten Jahrgang zu hoffen, um einen ›Barbaresco‹ der absoluten Extraklasse produzieren zu können. Da Arbeiter und Lesehelfer bezahlt würden und der Keller ihm natürlich zur Verfügung stehe, frage er sich, wofür der Sohn das viele Geld benötige. ›Cabernet Sauvignon‹ lautete Angelos Antwort. Die alten ›Nebbiolo‹-Reben für den ›Barbaresco‹ seien eindeutig zu alt, und deshalb gehöre den modernen Reben die Zukunft. Er wolle die alten Reben ausreißen und junge französische Reben pflanzen lassen, um einen ganz neuen Piemonteser Rotwein zu produzieren, einen, der auf der ganzen Welt für Furore sorgen werde. Im Piemont, wo Tradition das tragende Element der Weinproduktion war und ist, ist solches Ansinnen ein Affront gegen den Status quo.

Für Giovanni ein Ding der Unmöglichkeit, nicht zu vereinbaren mit der Familienehre und dem Ruf in der Branche – der Spott der Nachbarn sei ihnen sicher und das Risiko zu groß. Und so entstand ein handfester Streit der Generationen. Man sprach nicht mehr miteinander … bis der Vater dem Sohn ein Zugeständnis machte. Eine andere Rebfläche sollte es sein, nicht eine der großen Lagen oben an der Hügelkante, sonnenverwöhnt und mit der leichten Brise des Nachmittags, welche die Pflanzen durchströmt, sondern eine Lage unten am Fuß des Hügels, mit weniger Sonnenstunden, wo kaum Regenwasser fällt und die stickige Schwüle am Nachmittag unerträglich ist. Trotz all dieser Hemmnisse ließ sich Angelo darauf ein. Für beide begann eine lange Zeit des Wartens. Der Jungwinzer war verbittert ob des geringen Vertrauens und hoffte auf die neuen Reben, die im kargen Boden ums Überleben kämpften und von Jahr zu Jahr nur langsam größer wurden, um dann endlich zu tragen.

Giovanni wurde älter und überließ dem Sohn nur zögerlich weitere Verantwortung, allerdings lediglich unter der Prämisse, bis zum Ausgang des Experiments die klassischen Methoden zu achten. Auf seinen langen Spaziergängen kam der Vater oft an dem neu bepflanzten Weinberg vorbei, wo Angelo, nicht selten schweißgebadet, die krüppeligen ›Cabernet‹-Reben beschnitt und düngte – und jedes Mal murmelte der Alte vor sich hin: »Darmagi, darmagi …« (»Was für eine Schande …«), und jedes Mal tat er es so, dass der Junge das Gesagte hören konnte.

Im Jahre 1982 brachte Angelo den ersten Jahrgang seines neuen ›Cabernet Sauvignon‹ auf die Flasche – und das Ergebnis machte seinen Vater sprachlos und die Weinwelt staunen. Die neuen Reben, die um jeden Sonnenstrahl und um jeden Tropfen Wasser kämpfen mussten, hatten einen dunklen, tanninreichen, vollen Wein hervorgebracht, vollmundig und trotzdem elegant, lagerfähig und wertvoll.

Der Vater blieb still und ließ den ganzen Geschmack und den langen Nachhall vergehen, bevor er den Mund öffnete, um etwas zu sagen. Doch Angelo bedeutete ihm zu schweigen und sagte: »Er soll ›Darmagi‹ heißen, Vater.«

Angelo Gaja ist heute der wohl bedeutendste Winzer Italiens und einer der bekanntesten Weinproduzenten der Welt. Nach wie vor ist der ›Darmagi‹ eines der Aushängeschilder seines Weinguts, aber auch die klassischen Weine des Piemont, der ›Barolo‹ und vor allem der ›Barbaresco‹, die er produziert, brauchen keinen Vergleich zu scheuen. Seinen Drang zur Moderne lebt er vor allem in der Maremma aus, dem küstennahen Teil der Toskana, wo er auf seinen neuen Weinbergen moderne Spitzen-Cuvées nicht nur aus ›Cabernet Sauvignon‹ und ›Sangiovese‹, sondern auch aus ›Syrah‹, ›Merlot‹ und ›Cabernet Franc‹ produziert.

*

In Wahrheit hat Angelo Gaja das Weingut schon gegen Ende der sechziger Jahre operativ übernommen und erst im Jahre 1978 die neuen Reben gepflanzt, aber die eben erzählte Geschichte ist immer noch eine der schönsten Legenden um einen Generationenwechsel in der Weinwelt …

DER GLEICHE GENIESSERTYP

Wer sich einen Weinkeller einrichtet, gute Rotweine sammelt und sie auch genießt, der hat fast immer einen ansehnlich bestückten Humidor.

Das Genusserlebnis beim Wein – von der Vorfreude bis zum meditativen Moment des Öffnens, vom ersten Riechen am Glas bis zum letzten, allerbesten Schluck – ähnelt sehr dem Procedere des Cigarrenrauchens: Da ist zunächst einmal die verliebte Auswahl am Humidor, dann der gut vorbereitete, beherzte Anschnitt, das Riechen am Deckblatt, die erste olfaktorische Wahrnehmung, die sich fortsetzt bis zum letzten, kulminierenden Zug, in dem der aufgebaute, gesteigerte Geschmack gleichzeitig Höhepunkt und Abschied ist … All diese Momente ähneln sich, und so ist es nur folgerichtig, diese beiden Erzeugnisse auch zusammen zu verkosten, womöglich mit Gleichgesinnten, denn wenn sich Wein- und Cigarrenliebhaber an einen Tisch setzen, steht immer der Genuss im Mittelpunkt.

DERSELBE GENUSSMOMENT

Wenn das Hauptgericht schon Geschichte, die Serviette abgelegt ist und in der richtigen Reihenfolge die leichten, frischen Aromen bei Aperitif und Vorspeise, die hellen, feinwürzigen Eindrücke bei Fisch, Zwischengang und Weißwein und die satten, kräftigen Geschmäcker bei Fleischgang und Rotwein voll ausgekostet sind, kommt die Frage nach dem weiteren Verlauf des Abends, denn für einen überzeugten Hedonisten ist zu diesem Zeitpunkt das Menü noch lange nicht vorbei. Nachdem das Dessert schnell Vergangenheit und noch viel zu viel Rotwein in der Flasche ist, ist die nächste wahrscheinlich schon bestellt. Und wer sich seit einigen Gängen auf den heimlichen Höhepunkt des Abends freut, zu dem eine gut gelagerte ›Partagás Lusitanias‹ aus einer 50er Cabinet-Kiste oder eine ›Davidoff Aniversario No.1‹ aus dem hölzernen Tubo gehören soll, der tut sich schwer, noch bis zum Cognac oder Brandy zu warten, und genießt die weiteren Gläser Rotwein mit den ersten Zügen seiner großformatigen Cigarre. Und er tut gut daran, denn gerade das erste, zurückhaltendere Drittel einer vollmundigen Cigarre passt besser zu Tanninen und satter Frucht als das vollere, würzigere Raucherlebnis ab der Hälfte der braunen Pretiose.

Die historische Genusstradition

An bestimmten Wahrheiten lässt sich kaum rütteln, etwa an dieser: Was schon immer harmoniert hat, das schmeckt auch heutzutage. So wurden im England des 19. Jahrhunderts Rotwein und Cigarren gerne zusammen genossen; und auf den grünen Inseln der Karibik, zur Zeit des Kolonialismus, waren Rotwein und Cigarren als Teil des allabendlichen Rituals der hell gekleideten Gentlemen auf den viktorianischen Terrassen nicht wegzudenken; schließlich hatten die spanischen und südamerikanischen Aficionados zweifelsohne Geschmack, wenn sie nach Feria und Corrida eine Puro und einen alten ›Rioja‹ kombinierten – wie gerne eifern wir diesen Herren und ihren Traditionen nach!

Bei all dem sei jedoch beachtet, dass Rotwein nicht gleich Rotwein und eine gute Cigarre nicht immer das gewesen ist, was wir heute darunter verstehen. So war beispielsweise der ›Bordeaux‹, den die englischen Lords im 17. Jahrhundert zu trinken pflegten, als unter den beiden Königen aus dem Hause Stuart, Karl I. und Karl II., das Schmauchen von Tobak bei Hofe gesellschaftsfähig wurde – dieser ›Bordeaux‹ war deutlich süßer, als es heute die früh trinkreifen Gewächse der letzten Jahrzehnte sind. Und die Cigarren, die mit dem Kürzel ›EMS‹ für ›English Market Selection‹ versehen waren, was auf besonders helle Cigarren hinwies, importiert für die britischen Cigarrenraucher des 19. und 20. Jahrhunderts, waren – noch bis in die 1970er, 1980er Jahre – eine Spur leichter als die heutigen Havannas. Auf den »Western Indies« wiederum wurden vor allem schwere, süße, aufgespritete Rotweine getrunken, denn nur sie waren stabil genug, die lange Überfahrt zu überstehen, ohne »umzukippen« und regelrecht zu Essig zu werden, und diese Weine waren deutlich kompatibler mit jungen Cigarren als die harschen, breitschultrigen Überseeweine heutiger Zeit. Ähnlich verhält es sich mit alten ›Rioja‹-Weinen, die unter einer Lagerung von zehn, fünfzehn Jahren kaum genießbar waren, dann aber eine antike Reife in sich trugen, die wunderbar mit lange gelagerten Cigarren harmoniert – deutlich besser als ein zwar ebenso schöner, aber doch deutlich kompakterer moderner ›Reserva‹ aus den ersten Jahrgängen des 21. Jahrhunderts. Die Weinwelt ist deutlich schnelllebiger geworden.

Der Moment, in dem man eine Cigarre mit einem Rotwein vermählt, ist bis heute ein ganz besonderer. Das sollte der Connaisseur bei der Auswahl unbedingt beachten.

FRANKREICH

»Am besten einen trockenen Franzosen.« Eine oft gemachte und gehörte Aussage, die uns an dieser Stelle aber nicht reicht, denn für Empfehlungen muss das Thema etwas genauer untersucht werden. Die größten französischen Rotweine kommen aus dem Bordelais an der westlichen Atlantikseite, rechts und links des Flusses Gironde gelegen, und aus Burgund, einem Landstrich, der sich von Nord nach Süd zwischen den Großstädten Dijon und Lyon erstreckt.

Während die Weine aus dem Bordelais eher männlich, kräftig und stabil sind, präsentieren sich die meisten Burgunder feminin, samtig und fragil, was vor allem auf die dort angebauten Rebsorten zurückzuführen ist. Werden an der Gironde je nach Appellation die markanten und fruchtbetonten Rebsorten ›Cabernet Sauvignon‹, ›Cabernet Franc‹, ›Merlot‹, ›Malbec‹ und ›Petit Verdot‹ verwendet (und in den meisten Fällen miteinander vermählt), besteht ein Burgunder lediglich aus dem frühreifen und eher dünnschaligen ›Pinot Noir‹.

Welcher Wein der bessere Cigarrenbegleiter ist, hängt nicht nur von der Cigarre ab, sondern auch von der Situation sowie vom Reife-, Süße- und Säuregrad des Weins. Ein voller, vom ›Merlot‹ geprägter ›Bordeaux‹ aus Saint-Émilion beispielsweise passt gut zu einer leichten Dominikanerin, während eine reife Kubanerin sich nicht selten zu einem eher jungen, geradezu kirschknackigen ›Burgunder‹ hingezogen fühlt. Auf jeden Fall sei davor gewarnt, die ganz großen alten ›Premier Grand Crus‹ als Cigarrenpartner zu wählen, da hier die Gefahr, dass ein Partner darunter leidet, doch recht erheblich ist.

Die Chancen, einen passenden Cigarrenbegleiter zu finden, liegen eher im südlicheren Frankreich – an der Rhône oder in Madiran, im Gebiet Cahors oder in der Region Languedoc-Roussillon – als in den klassischen Regionen, weil die dort erzeugten Weine fruchtbetonter und oft tiefer in der Aromatik sind, gerne eine erdige Note haben und in der Regel auch einige Jahre lagerfähig sind und somit über ausreichend Zeit verfügen, um vorhandene harsche Tannine etwas abzubauen.

Italien

Auch in Italien lassen sich die klassischen Anbaugebiete, die Toskana und das Piemont, von den anderen Regionen trennen, vor allem, wenn Preis, Qualität und Prestige als Parameter herangezogen werden.

»Sangre Juvis«, das »Blut Jupiters«, nährte die großen alten Weine der Toskana: die ›Chiantis‹, ›Brunellos‹ und ›Vino Nobiles‹, bis die »Supertuscans« mit ihren international angelegten Cuvées die vorderen Ränge übernahmen – zumindest auf den Preislisten. Dann ist da noch die Traube namens ›Nebbiolo‹. Sie nennen die Piemonteser wegen des weißen Belags auf ihrer Schale zärtlich die »Schneebestäubte«. Dieser ›Nebbiolo‹ bringt die kräftigen, oft schwer zu verstehenden ›Baroli‹ und ›Barbaresci‹ hervor, die, für die Ewigkeit gemacht, erst im hohen Alter zugänglich werden.

Auch hier ist es geraten, diese klassischen Weine getrennt von den Cigarren zu genießen – zu viele Tannine und Gerbstoffe, die ja auch in der Cigarre vorhanden sind und die im Rauchverlauf zunehmend präsenter werden, belegen die Zunge und verhindern das wahre Vergnügen an beiden Partnern, so schön sie auch beide sein mögen. Natürlich bestätigen auch hier Ausnahmen die Regel (siehe »Top-5-Kombinationen«), und daher möge jeder Rotwein- und Cigarrenfreund weiter auf die wunderbare Suche nach den für ihn passenden Partnern gehen …

In den südlicheren Regionen des Stiefellandes, etwa in Apulien und in Kampanien, auch auf den Inseln Sardinien und Sizilien, lassen sich saftige ›Primitivi‹ oder Weine aus der Rebsorte ›Nero d'Avola‹ finden, die sich oftmals als äußerst zugänglich für die tabacophilen karibischen Schönheiten erweisen.

Deutschland

Deutscher Rotwein ist nicht »dünn«, »durchsichtig«, auch nicht »schwach auf der Brust«. Schon lange produzieren Winzer von der Region Saale-Unstrut bis ins von der Sonne verwöhnte Badische aus den bekannten Reben ›Dornfelder‹, ›Lemberger‹ und, allen voran, ›Spätburgunder‹, aber auch aus internationalen Importen wie ›Merlot‹, ›Cabernet Sauvignon‹, sogar ›Syrah‹ und ›Tempranillo‹ großartige Weine mit Tiefgang und Charakter. Selbst wenn diese für Deutschland neuen Rebsorten teilweise in der Kritik stehen, die Traditionen zu verwässern und nur Kopien der französischen und spanischen Originale zu sein, haben die aus den genannten Trauben gewonnenen Weine eine Daseinsberechtigung, einfach deshalb, weil sie zum größten Teil gut gemacht sind – »gemacht« zwar, aber gut.

Auch zu Cigarren passen zahlreiche dieser Weine, weil in vielen Fällen die Möglichkeiten, einen balancierten Wein herzustellen, ausgeschöpft wurden und ausgewogene Weine andere Sensoriken besser begleiten als kantige, unrunde Charaktere.

Aus der klassischen Riege der ›Spätburgunder‹ kommen einige ganz hervorragende tiefe und saftige Weine aus dem südlichen Baden mit Sonne im Herzen und Frucht im Glas, aber auch Wein von der Ahr mit seiner typischen Würze in die engere Auswahl, ein Schäferstündchen mit einer guten Cigarre zu verbringen.

Spanien

Auf der Iberischen Halbinsel ist nicht nur zwischen Klassik und Moderne bezüglich der Anbaugebiete, sondern auch zwischen den Produktionsmethoden innerhalb der klassischen Gebiete zu unterscheiden.

Von den Balearen bis Galizien tun sich neue ›Denominaciónes de Origens‹ (klassifizierte Anbaugebiete), kurz »DO's«, auf, und deren Weine sind so verschieden, dass wirklich nur der persönliche Test Aufschluss gibt, welche Weine mit welchen Cigarren kompatibel sind. Eine Hilfestellung, aber keine Garantie ist auch hier die Beachtung des Reifegrads nach dem jeweiligen Jahrgang, eventuell auch die Rebsortenangabe auf dem Etikett.

Im Rioja, lange Zeit Synonym für spanische Weine, wird die Auswahl etwas leichter. Bis vor einigen Dekaden wurden ›Riojas‹, zum größten

Teil aus der Traube ›Tempranillo‹ erzeugt, so konsequent-kompromisslos im Holzfass ausgebaut, dass man sie erst nach langer Reifezeit trinken konnte. Wenn die Weine später trinkreif waren und nach langem Dekantieren ihre antike Süße und Reife im Glas präsentierten – erst dann konnte man sie als Partner feinwürzigen Rauchs in Betracht ziehen, aber dann bescherten sie meist auch einen absoluten Hochgenuss. Von diesen Weinen gibt es leider nicht mehr viele, weshalb auch die Preise entsprechend sind. Bei modernen ›Tempranillos‹ ist im Hinblick auf die Cigarre dagegen Vorsicht geboten, denn an dieser Traube stört mitunter, dass sie recht wenig Säure transportiert, wodurch dann eine Kombination »platt« wirken kann.

Österreich

Die »Erbsünde« der 1980er Jahre, der große Weinskandal, hat in Österreich eine neue Ära eingeleitet. Nachdem die Weinwirtschaft am Boden war, konnte sich viel Neues (und Gutes) entwickeln. Neben den klassischen Weißweinen ›Grüner Veltliner‹ aus der Wachau und ›Sauvignon Blanc‹ aus der Steiermark, die schon lange ihre Position auf den globalen Weinkarten zurückerobert haben, gehören vor allem die Rotweine aus den Regionen des Burgenlands mittlerweile zu den vinophilen Prestigeobjekten Österreichs.

Diese Rotweine, ob nun erzeugt aus den klassischen Rebsorten ›Blauer Zweigelt‹, ›Blaufränkisch‹ und ›St. Laurent‹ oder aus der Traube ›Pinot Noir‹, sind meist reinsortig ausgebaut und zeichnen sich durch Tiefe und Charakter aus. Viele dieser Weine besitzen ausreichend Kraft und Süße, um sich mit Cigarren einzulassen, und manche sind sogar wuchtig genug, als dominanter Part die Cigarre zu führen. Der Griff in die Regale, die auf die Herkunft »Österreich« verweisen, lohnt sich für Cigarrenliebhaber jedenfalls recht oft.

Übersee

Die modernen Anbaugebiete rund um den Globus bieten nicht nur reichhaltige Auswahlmöglichkeiten, sondern halten auch viele gute Cigarrenbegleiter bereit.

›Pinotage‹ aus Südafrika oder ›Pinot Noir‹ aus Neuseeland sind oft samtig und erfrischend, passen also gut zu kräftigen Cigarren. ›Malbec‹ aus Argentinien sowie ›Syrah‹ aus Australien und ›Cab‹ aus Kalifornien kommen gerne breitschultrig und satt daher, allerdings auch mit vielen Tanninen, brauchen demnach hellere, feinere Cigarrenaromen, die sich anschmiegen und die Gerbstoffe nicht herausfordern. ›Carmenère‹ aus Chile oder ›Tannat‹ aus Uruguay bestechen durch Fruchtigkeit und tiefe Farbe und passen gut zu Cigarren, die sich durch gesetzte Würze und feine Schärfe hervortun.

In Zukunft werden Rotwein- und Cigarrenliebhaber vermehrt auch Weine aus Indien, Thailand oder Vietnam im Angebot finden, wovon sich einige als durchaus zu empfehlende Cigarrenpartner erweisen werden. Ein guter Vorgeschmack darauf ist der chinesische Rotwein aus der Provinz Shandong, in dessen Cuvée die Rebsorte ›Dragon's Eye‹ vertreten ist und der beispielsweise eine leichte honduranische Puro sehr anständig »um den Finger wickelt«.

Rotweine & Cigarren: Die Top-5-Kombinationen

2005 Kappa Rosso. Tenuta Kappa Rosso, Toskana, Italien
&
Rocky Patel Sun Grown Robusto. Nicaragua

Ein harsches Tanningerüst und eine animalische Ledernote mit einem deutlichen Duft nach Stall und Erde lassen erst kaum auf einen guten Cigarrenbegleiter schließen. Viel Rauch und eine tragende Süße versöhnen den Weinfreund, zumal sich der ›Kappa Rosso‹ immer wieder durchsetzt. Wenn die ›Robusto‹ vergangen ist, bleibt noch ein gutes Glas zum Weiterträumen.

2002 Château Cantenac-Brown. Margaux, Bordeaux, Frankreich
&
San Louis Rey Churchill. Kuba

Wenn zwei Klassiker gewünscht sind, dann kann man auch ordentlich in die Trickkiste greifen. Saftige Tiefe und gefühlte Reife des besonders guten Rotweins aus diesem unterschätzten Jahrgang und die archetypischen Facetten der Kubanerin sind für geübte Gaumen Kanzlerklasse. – Wenn möglich, die Cigarre aus einer alten Cabinet-Kiste greifen.

2001 Mighty Zinfandel.
Terra Mater,
Maipo Valley, Chile
&
La Aurora Preferidos Gold.
Dominikanische Republik

»Unusual« beschreibt der Winzer diesen großartig gemachten Überseeknaller, der mit seiner satten Wucht und seinen reifen Aromen von der Würze der erstklassig verarbeiteten Cigarre profitiert. Seine fleischige Frucht und die samtigen Tannine passen hervorragend zu der stringenten Steigerung dieser ›Perfecto‹ mit ihrer großzügigen Rauchentwicklung.

2004 Walporzheimer Gärkammer
Spätburgunder Auslese.
J. J. Adeneuer, Ahr, Deutschland
&
Bossner Robusto.
Dominikanische Republik

Deutscher Spätburgunder voller Würze und Frucht. Die Kirsch- und Nussaromen und die zurückhaltende Cigarre mit dem leicht süßlichen Rauch vermählen sich ganz trefflich. Eine Kombination, in der die ›Robusto‹ zunächst den begleitenden Part einnimmt, um dann bei den letzten Zügen die Oberhand zu gewinnen.

2004 Goldberg Blaufränkisch. Johann Heinrich, Burgenland, Österreich & H. Upmann Upmann № 2. Kuba

Eine Rotwein-Cigarre »par excellence« ist die ›Upmann No. 2‹, wenn sie ein paar Jahre der Reifelagerung hinter sich hat. Die weicheren Aromen und der antike Touch spielen mit dem tiefen Rotwein, seinen zugänglichen Tanninen und der knackigen Frucht. Der Wein federt späte Schärfe und Würze der lange rauchbaren und sich immer weiter steigernden ›Piramide‹ gut ab, wodurch ständig neue Eindrücke entstehen. Der ›Goldberg‹ sollte großzügig dekantiert werden und darf ruhig auch älteren Jahrgangs sein.

WEISSWEIN

UNVERHOFFT PASST OFT ...

»Schöne, altgoldene Farbe; zuerst eine ölige, petroleumartige Rieslingnase, aber sehr parfümiert; Verbindungen von zitrusartiger Pikanz und Honig; nach einer Stunde im Glas ein schöner, reifer Fruchtgeschmack mit einer Idee Himbeere; halbsüß, reich, schmackhaft, mit einem Hauch Zitrone und Cayennepfeffer am Ende.«

Das schrieb Weinkritiker Michael Broadbent im Jahre 1988 in seinen gut fünf Kilogramm schweren *Broadbent's Weinnotizen* über einen ›1976 Forster Jesuitengarten Riesling Auslese‹ vom ›Weingut Geheimer Rat Dr. von Bassermann-Jordan‹ im pfälzischen Deidesheim. Bei solchen Weinbeschreibungen fällt es schwer, Weißwein als den kleinen Bruder des großen roten Klassikers zu sehen – was er beileibe auch nicht ist. Zwar sind die meisten Weißweine nicht so lange lagerfähig wie die roten, bringen bei Raritätenversteigerungen durchschnittlich niedrigere Preise, führen selten Namen mit ähnlichem Donnerhall wie ›Château Petrus‹ oder ›Opus One‹, aber auch eher verhalten klingende wie ›Oestricher Lenchen‹ oder ›Puligny Montrachet‹ können, entsprechende Jahrgänge vorausgesetzt, gegen vier- bis fünfstellige Summen den Besitzer wechseln – pro Flasche, versteht sich.

Weißweine werden nach Rebsorten wie auch nach Anbaugebieten unterschieden, wobei Dopplungen nicht nur vorkommen, sondern die Regel sind, da in zahlreichen Fällen die Regionen auch die autochthonen Rebsorten vorgeben, die in den Weinen zu finden sind. So werden rund 95 Prozent aller ›Weißen Burgunder‹ aus der Traube ›Chardonnay‹ erzeugt, die sich allerdings überall auf der Welt heimisch fühlt, genauso wie die Rebsorte ›Sauvignon Blanc‹, aus der etwa alle ›Sancerres‹ und ›Pouilly-Fumés‹ bestehen. Andere Weine, die nach ihrer Her-

kunft benannt sind, können ohne weiteres mehrere Rebsorten in sich tragen, so etwa ein ›Weißer Bordeaux‹, der hauptsächlich aus Vermählungen der Trauben ›Sauvignon Blanc‹, ›Sémillon‹, ›Muscadelle‹ besteht, so etwa auch die frischen weißen Spanier, in denen sich vielerlei Reben wie ›Macabeo‹ und ›Verdejo‹, ›Garnacha Blanca‹ und ›Malvasía Riojana‹, ›Albariño‹ und ›Tempranillo Blanco‹, aber auch die schon erwähnten internationalen Klassiker tummeln.

Während rote Weine meistens nach Anbaugebieten unterschieden werden, ist deshalb das erste Differenzierungsmerkmal bei Weißweinen eher die Rebsorte und danach erst Herkunft, Jahrgang und Ausbauweise.

Die Edelrebsorten

Als feststehender Begriff im Weinjargon werden sowohl im roten als auch im weißen Bereich jene Rebsorten als »Edelreben« bezeichnet – im Französischen übrigens »cépage noble« und im Englischen »noble grapes« –, aus denen ganz besonders prestigeträchtige, wertvolle und lagerfähige Weine gemacht werden. Ist die Liste der roten mit der Zeit lang und länger, fast unübersichtlich geworden, werden bei den weißen Reben zumeist nur vier genannt: ›Chardonnay‹, ›Chenin Blanc‹, ›Riesling‹ und ›Sauvignon Blanc‹.

Chardonnay
»Everybody's Darling« oder »Noblesse oblige«? Auf jeden Fall ist ›Chardonnay‹ überall auf der Welt – von Italien bis Indien – zu Hause und liefert aus allen Anbaugebieten hervorragende Ergebnisse. Deshalb und aufgrund seiner langen Historie hat er auch jede Menge Synonyme: von A wie ›Aboisier‹ bis W wie ›Weißedler‹. ›Chardonnay‹ ist eine der drei Champagner-Reben, und alle großen weißen Weine aus dem Burgund sind reinsortig aus dieser Traube gekeltert. Bei den Kellermeistern ist er besonders beliebt, weil er leicht mit anderen Rebsorten wie ›Chenin Blanc‹, ›Sauvignon Blanc‹ und ›Viognier‹ verschnitten werden kann. Dazu kommt eine opulente Süße und eine stabile Säure, die einen Ausbau im Holzfass relativ einfach macht. Oft wird der burgundische Stil mit vollem Körper und Barrique-Ausbau kopiert – und fast genauso oft übertrieben.

Gerade die fetten, buttrigen ›Chardonnays‹ mit ihren weichen Vanillenoten und einem langen, breiten Abgang, die von voller Süße getragen werden und deren Säure mehr stabiles Rückgrat als feingliedriges Skelett ist, eignen sich – durchaus auch solche im bezahlbaren Segment – sehr gut, um Cigarren zu begleiten (selbst jene, die aus der kräftigen Schublade genommen werden). Die recht häufig vorkommenden, relativ leichten deutschen und steirischen ›Chardonnays‹ ohne Holzeinsatz sind manchmal zu schlank und eher mit Vorsicht zu genießen, wenn Rauch im Spiel ist. Was hingegen die ehrwürdigen Originale aus dem Burgund anbetrifft, so ist hier zu differenzieren: Für die Cigarre sollten sie jung und kräftig sein, denn je älter und raffinierter (und teurer) sie sind, umso eher sollte man diese Varianten solitär glänzen lassen und mit der Cigarre warten, bis die Flasche leer ist.

Chenin Blanc
Diese Rebsorte, die dem Laien meist weniger geläufig ist als die drei anderen Edelreben, hat alles, was eine hervorragende Traube mit sich bringen muss, um von Winzern und Genießern

geliebt zu werden: Sie reift spät und langsam, kann also auch in weniger guten Jahrgängen bis spät in den Herbst am Rebstock bleiben, hat trotz hoher Erträge viel Säure und Geschmack, und zwar so viel, dass sie ohne weiteres als Tafeltraube verwendbar ist, dann aber auch zur Schaumweinproduktion taugt. Überdies ist der ›Chenin Blanc‹ auch noch empfänglich für die Edelfäule *Botrytis cinerea*, weshalb sich wunderbar edelsüße Weine mit ihm produzieren lassen.

Schon im 9. Jahrhundert wurde der ›Chenin Blanc‹ an der Loire angebaut und zählt dort heute zusammen mit dem ›Sauvignon Blanc‹ zu den Hauptrebsorten. Aus dieser Region kommen einige trockene und halbtrockene Spitzenweine. Seinen größten Auftritt hat der ›Chenin Blanc‹ aber als ›Steen‹ (was auf Afrikaans »Stein« bedeutet) am Kap der Guten Hoffnung, dort also, wo sich die besten südafrikanischen Weinanbaugebiete befinden. Hier zeichnet er verantwortlich für eine geradezu paradoxe Bandbreite von Produkten – sie erstreckt sich vom einfachsten Wein, der für die Branntweinproduktion verwendet wird, über Esstrauben bis hin zu hochwertigen Schaum- und Süßweinen.

In Kalifornien hingegen hat man seine Wertigkeit bei weitem nicht so gut erkannt wie im südlichen Afrika, und so muss sich im Land der Flower-Power-Bewegung dieser »Allrounder« hauptsächlich damit begnügen, allzu »fett« geratene ›Chardonnays‹ aufzufrischen.

Zu Cigarren, die im wärmenden Sonnenlicht geraucht werden, passt fast jeder gut gemachte trockene ›Chenin Blanc‹ – vorausgesetzt, er verfügt über ausreichend Körper. Ist er dagegen süß ausgebaut, wird es meistens nur noch besser …

Riesling

Wie der ›Chardonnay‹, so wird auch diese edle Rebe inzwischen global angebaut. Das geschieht in Chile ebenso wie in Australien und Neuseeland, in Portugal und in Italien, doch unumstritten ist, dass die besten ›Rieslinge‹ aus Deutschland kommen, auch wenn sogar europäische Nachbarn noch immer glauben, dieser Wein müsse zwingend restsüß, gar klebrig-»lieblich« sein. Im Jahre 1348 erstmals erwähnt, erzielten die Reben zu der Zeit und noch Jahrhunderte später eher bescheidene Ergebnisse. Das lag zum einen am damals deutlich kälteren Klima, zum anderen an amtlich verordneten frühen Leseterminen, dazu da, um Frost und Fäulnis zu vermeiden. Seitdem ›Riesling‹ später gelesen wird, zudem in den letzten rund eineinhalb Jahrhunderten die europäischen Durchschnittstemperaturen merkbar angestiegen sind, hat er sich, gerade in jüngster Zeit, als deutscher Prestigewein etabliert. Denn nach einer Phase der massenverträglichen Mittelmäßigkeit in der jüngeren Geschichte spielt sich seit den 1990er Jahren eine wahre »Riesling-Renaissance« ab, welche, vor allem forciert von der Top-Gastronomie, diese feine Rebsorte wieder weltweit gefragt macht.

Als Begleiter zu Cigarren sollte ›Riesling‹ sehr genau ausgewählt werden. Ist das geschehen, wird er so manche Situation veredeln, ja vergolden. Von frischer Säure getragen, kann die Frucht einer kräftigen Cigarre oftmals nicht genug entgegensetzen und bekommt dann metallische Anklänge. Hier hilft nur eines: Süße! Vor allem feinherbe und restsüße ›Rieslinge‹ unterstützen mildwürzige bis kräftige Cigarren. Und leichtere Cigarren mit schlankem Ringmaß? Sie schmiegen sich geradezu an elegante, frische ›Rieslinge‹ mit voller, gelber Frucht an.

Besonders tagsüber und im Sommer entstehen so wunderbare Momente. Dagegen vertragen sich opulente und kräftig-junge Cigarren, deren noch nicht ausfermentiertes Ammoniak am deutlichen Stallgeruch erkennbar ist, äußerst selten mit dem eleganten Wein.

Für die harmonische Geschmacksverbindung von Wein und Cigarre sind ›Rieslinge‹ aus Übersee meist zu trocken ausgebaut, weshalb Mosel- und Rheingau-Erzeugnisse bevorzugt werden sollten. Auch trocken ausgebaute Weine aus dem Elsass, die man gerne in gereiftem Stadium serviert, sind zu meiden – allerdings nicht, wenn sie vor oder nach der Cigarre getrunken werden.

Sehr empfehlenswert sind dagegen elsässische Weißweine, wenn sie jung und süß sind.

Die folgende Anekdote zeigt, dass Benediktinermönche nicht nur gläubige Menschen sind, sondern auch durchaus gehorsame. Gott sei Dank …

Die Legende vom Spätlesereiter

Im schönen Rheingau, im Kloster Johannisberg, bereiteten seit Jahr und Tag – zum Gefallen ihres Lehnsherrn, dem Abt zu Fulda – die Glaubensbrüder in lauterem Tagwerk die Weinberge. Das Kloster Johannisberg war seit vielen Jahrzehnten bekannt für seinen ausgezeichneten Wein und für die kulinarische Tradition, welche die Benediktiner pflegten, und so kam die prosperierende Besiedelung der umliegenden Region durch Bauern, Handwerker und Kaufleute nicht von ungefähr.

Zu dieser Zeit – sie liegt gut zwei Jahrhunderte zurück – war es Gesetz, dass sich die Brüder die Erlaubnis für den Beginn der Weinlese aus Fulda holen mussten, denn zu groß schätzte der Abt die Gefahr ein, die Trauben könnten zu früh oder zu spät von den Reben geerntet werden. Zu diesem Zweck wurde stets ein Reiter mit einer Handvoll Trauben nach Fulda geschickt, um sie dem Lehnsherrn vorzulegen, damit der gute Mann die Lese freigab. So auch im Jahre 1775. Getreu der Vorgabe machte sich ein Mönch zu Pferd auf den Weg nach Fulda. Allerdings wurde der fromme Reiter von Wegelagerern überfallen, die bei ihm, der gut gekleidet war und in strammem Galopp daherkam, reiche Beute vermuteten. Dass ihnen außer einer Handvoll Trauben keine Beute beschert war, sei der göttlichen Gerechtigkeit zugeschrieben. Soweit (erstmals) die gute Seite der Geschichte. Die weniger gute: Aus Ärger verpassten die Diebe dem Boten eine gehörige Tracht Prügel, von der er sich mehrere Wochen im Spital erholen musste. Als er – endlich genesen und vom Abt mit der Erlaubnis ausgestattet, die Lese zu beginnen und durchzuführen – nach Johannisberg zurückgekehrt war, bot sich den Benediktinermönchen, die ergeben auf Nachricht aus Fulda gewartet hatten, in den Weingärten schon seit Tagen ein bedauerliches Bild: Mit Schimmelpilz überzogen, hing das, was von den Trauben noch übrig war, verschrumpelt und verdorrt an den Pflanzen. Da sie aber nun den Befehl zur Lese hatten, gingen sie trotzdem ans Werk und pflückten und pressten und vergoren den Saft. Die derart Heimgesuchten sprachen von einem Jahrgang, der unter bedauerlichen Umständen miserabel ausgefallen sei, und wagten gar nicht, an das Ergebnis zu denken. Umso mehr staunten die Kellermeister, als sie den Wein in den darauffolgenden Jahren verkosteten. »Solchen Wein habe ich noch nicht in den Mund gebracht.« So eine der zahlreichen anerkennenden Aussagen aus jener Zeit.

Die Mönche hatten die Edelfäule entdeckt, die – nicht nur im Rheingau – in besonderen Jahrgängen gerade den ›Riesling‹ zu ganz neuen Di-

mensionen des Geschmacks, der Fülle und der Finesse treiben kann. Seitdem wird ›Riesling‹ regelmäßig eine gewisse Zeit nach der normalen Ernte beziehungsweise in verschiedenen Lagen zu verschiedenen Zeitpunkten gelesen – und die Geschichte vom »Spätlesereiter« war für die Benediktiner ein weiterer Beweis dafür, dass Gottesfurcht und Gehorsamkeit den Menschen die größten Geschenke bescheren.

*

Eine zweite Version der Anekdote um den »Spätlesereiter« besagt, der Abt wäre auf der Jagd und deshalb für den Boten nicht zu sprechen gewesen, hätte sich also nicht um das Geschick seiner Mönche gekümmert. Viel entscheidender ist jedoch die Tatsache, dass der »Spätlesereiter« eigentlich »Beerenauslesereiter« heißen müsste, hat er doch nicht nur die Möglichkeit der nach hinten versetzten Traubenlese, sondern gleich den edelsüßen »Schimmelpilzwein« praktisch ins Leben gerufen und so eine ganz neue Epoche der Weinbereitung eingeleitet.

Sauvignon Blanc

Another Global Player: ›Sauvignon Blanc‹ stammt ursprünglich aus Südwestfrankreich und ist heute vor allem an der Loire zu Hause, wo ›Sancerre‹ und ›Pouilly-Fumé‹, die wahrscheinlich klassischsten Vertreter dieser eleganten Rebe, ihr Heimspiel geben. Aber auch im gesamten europäischen Raum, in Neuseeland, wo Terroir und Klima ähnlich wie an der Loire sind, in Südafrika, Nord- und Südamerika, in Australien sowie in den exotischen Weinbauregionen der Zukunft, wie etwa Thailand und Indien, ist die Traube ›Sauvignon Blanc‹ zu finden, und der große alte Mann des amerikanischen Weinbaus, Robert Mondavi aus Kalifornien, gab ihr gar einen neuen Namen: ›Fumé Blanc‹.

Auch wenn die meisten ›Sauvignon Blancs‹ jung und frisch getrunken werden wollen, gibt es durchaus überzeugende Barrique-Weine aus dieser Traube – und als Partner der Rebsorte ›Sémillon‹ sind die großen ›Sauternes‹-Weine aus dem Bordelais verführerisch süß und fast unbegrenzt lagerfähig.

Bemerkung am Rande: Wer den ›Sauvignon Blanc‹ als kleinen Bruder des großen ›Cabernet Sauvignon‹ bezeichnet, sei eines Besseren belehrt, denn er ist vielmehr einer seiner Väter, entstand doch die große rote Königsrebe mit an Sicherheit grenzender Wahrscheinlichkeit durch eine natürliche Kreuzung aus ›Cabernet Franc‹ und ›Sauvignon Blanc‹.

Je mineralischer ein ›Sauvignon Blanc‹ ist, umso mehr Frucht kann er tragen, und dann überzeugt er gerne mal beim Zusammenspiel mit einer mittelkräftigen Cigarre. Schlanke ›Sauvignon Blancs‹, deren Frische eher auf die spürbare Säure als auf die Mineralität zurückzuführen ist, verhalten sich da merklich schwieriger. Gute Erfahrungen macht man in der Regel mit einem ›Pouilly-Fumé‹ sowie

mit Weinen aus Neuseeland, wohingegen ein süßer ›Sauternes‹ hervorragend mit einer gut gelagerten Havanna harmonieren kann. Obwohl die letztgenannten Kombinationen verführerisch sein mögen, sollte man besser zu einfacheren Weinen greifen und die ganz großen Tropfen lieber zu Gänsestopfleber, Crème brûlée oder pur genießen.

Die Bouquet-Rebsorten

Diese Rebsorten machen, wie ihr Name deutlich ausdrückt, durch einen besonders ausdrucksstarken, teilweise floralen, mitunter auch in die deutlich würzige Richtung gehenden Duft auf sich aufmerksam. Zwar werden einige Bouquet-Rebsorten auch unter den Edelrebsorten geführt, wie zum Beispiel ›Riesling‹ und ›Sauvignon Blanc‹, doch greift bei den letztgenannten der Begriff »Edelrebe« besser, weil diese Sorten andere bemerkenswerte Merkmale aufweisen als in erster Linie den Duft. Bedeutend treffender ist der Name »Bouquet-Rebsorten« für den ›Gewürztraminer‹, gerne auch nur als ›Traminer‹ bezeichnet, die ›Scheurebe‹, den ›Muskateller‹, den ›Müller-Thurgau‹ und den ›Bacchus‹ (um die wichtigsten zu nennen). Das besondere Erkennungsmerkmal des auffälligen Bouquets äußert sich in der Regel von Rebsorte zu Rebsorte anders: die einen eher leicht blumig bis tief floral, die anderen von pfeffrig-ätherisch bis exotisch-würzig.

Tragend kommt der Unterschied zwischen den einzelnen Aromen zur Geltung, wenn es um die Bestimmung der Bouquet-Rebsorten geht. Die eher flüchtigen und fruchtbetonten Primäraromen, welche bereits in den Beeren vorhanden sind, umfassen demnach die weinigen und hellfruchtigen Töne, wahrzunehmen auch beim unvergorenen Traubensaft. Anders dagegen verhält es sich mit den Sekundäraromen, denn sie entstehen bei der Weinbereitung und beim Ausbau, und dementsprechend sind Hefetöne, Holznoten und Röstaromen erkennbar. Das Trio komplett machen die Tertiäraromen, die sich während der Flaschenreifung entwickeln, beim Weißwein also nur in solchen Weinen erkennbar, die nicht frisch und aktuell getrunken werden, sondern lagerfähig sind, wie etwa kräftige, im Barrique ausgebaute ›Chardonnays‹ und hochwertige ›Rieslinge‹.

Die meisten Weine, die aus Bouquet-Rebsorten erzeugt worden sind, gehen mit Cigarren seltener eine gelungene Symbiose ein als andere Getränke. Vielmehr ergibt sich oft eine eher bipolare Situation zwischen Würze und Erfrischung am Gaumen. Allerdings passen der Geruch des Weins und der Rauch im Raum hin und wieder durchaus gut zusammen – und so kann sich mitunter dennoch ein sehr schöner Gesamteindruck einstellen.

Gewürztraminer

Eine der am längsten kultivierten Trauben, die es überhaupt gibt und die große Ergebnisse in Südtirol und im Elsass bringt. Aber auch in Deutschland ist der ›Gewürztraminer‹ zu Hause. Während diese Rebsorte in den klassischen europäischen Anbaugebieten meistens sortenrein abgefüllt wird, verträgt sie sich in der

Neuen Welt gut mit ›Riesling‹ und mit ›Chardonnay‹, und so haben nicht wenige innovative Winzer in Übersee die Traube für sich entdeckt, um ihren Top-Cuvées eine besondere Note zu geben. Ihr typischer Geruch nach Rosen, Marzipan und (natürlich) Gewürzen prägt das Trinkerlebnis. Oft hoch alkoholisch, passt ein ›Gewürztraminer‹ zu kräftigen sowie zu jungen, ungestümen Cigarren.

Scheurebe
Eine der erfolgreichsten deutschen Neuzüchtungen des letzten Jahrhunderts, benannt nach ihrem Schöpfer Georg Scheu, der die Sorte 1916 züchtete. Im Duft erinnert die ›Scheurebe‹ ein wenig an ›Riesling‹, ist aber meistens deutlich opulenter. Durch ihre frische Säure und ihren zuverlässigen Ertragsfaktor eignet sie sich ebenso für durchschnittliche Qualitätsweine wie für hochqualitative Beeren- und Trockenbeerenauslesen sowie für Eiswein. Die in der Regel einfachen trockenen Weine wirken tagsüber regelrecht erfrischend und beleben den Gaumen nach jedem Zug an einer Cigarre, wobei Wein und Cigarre in Bezug auf die Sensorik nicht unbedingt hundertprozentig kompatibel sein müssen.

Darüber hinaus können Cigarren und edelsüße Vertreter der ›Scheurebe‹ wahre Königskombinationen sein. Viele der erwähnten Übersee-Cuvées sind kräftig im Eichenholz ausgebaut und können tolle Cigarrenbegleiter sein.

Muskateller

Obwohl diese Rebsorte heute nur noch wenig Bedeutung hat, ist sie eine der ältesten der Welt und hatte schon in Antike und Mittelalter einige prominente Verehrer: Verschiedene römische Cäsaren, Karl der Große und Kaiser Barbarossa sollen diese Rebsorte hochgeschätzt haben. Der Name leitet sich angeblich vom römischen Wort für »Fliege« (»mosca«) ab – wohl deshalb, weil dieses Insekt, so die Überlieferung, von dem betörenden Duft des ›Muskatellers‹ schon in früherer Zeit geradezu magisch angezogen worden ist.

Ein muskatartiger Grundton ist sehr typisch für diese Rebsorte. Unter ihren Varianten – es gibt ›Gelben‹, ›Roten‹ und ›Weißen Muskateller‹ – findet man herrlich erfrischende Weißweine aus Deutschland und Österreich. ›Muskateller‹ ist aber auch ein fester Bestandteil internationaler Süßweine wie ›Sherry‹, ›Muscat de Rivesaltes‹, ›Moscato d'Asti‹ und ›Banyuls‹.

Zu Cigarren passen natürlich besser die Süßweine, aber ein schöner Sommernachmittag mit einem trockenen steirischen ›Muskateller‹ und einer nicht zu kräftigen Cigarre kann durchaus ein Erlebnis sein.

Müller-Thurgau

Wahrscheinlich im Geruch die verhaltenste der Bouquet-Rebsorten. Die Annahme, hier handele es sich um eine Kreuzung aus ›Riesling‹ und

›Silvaner‹, ist ampelografisch inzwischen umstritten. ›Müller-Thurgau‹ wird weltweit erfolgreich angebaut, ist säurearm und hat wenig Farbe, allerdings einen angenehmen Muskatton. Obwohl diese Rebsorte oft als Massen- und sogar Füllwein verwendet auf die Flasche kam und kommt, gibt es auch hervorragende Vertreter, und gerade in letzter Zeit wird in Deutschland nach der »Riesling-Renaissance« von der Rückkehr des ›Müller-Thurgau‹ gesprochen – jedenfalls sagt ihm so mancher Experte eine große Zukunft voraus.

Zur Cigarre passen nur die wirklich guten Weine dieser Traube, wobei die zurückhaltende Säure des ›Rivaners‹, wie der ›Müller-Thurgau‹ heute oft genannt wird, am besten mit recht milden Cigarren harmoniert, wohingegen kräftiger Rauch weniger seine Sache ist.

Bacchus
Benannt nach dem römischen Nachfolger des hedonistischen Weingottes, der es eigentlich verdient hätte, einer hochwertigeren Rebe als Namensvetter zu dienen. Die jung zu genießenden Weine sind hell- bis grüngelb mit einem blumigen Muskatton, der an die ›Scheurebe‹ erinnert, weshalb man ›Bacchus‹ auch die »Frühe Scheurebe« nennt, zumal diese Rebsorte recht früh gelesen werden kann. Einige gut gemachte Vertreter haben zu Cigarren schon geschmeckt, und auch hier steht immer der erfrischende Faktor im Vordergrund.

Weiße Cuvée-Weine
Vermählungen aus dem Besten, was die Rebanlagen oder einzelne Regionen hergeben, oder Verschnitt aus dem, was übrig bleibt, wenn die reinsortigen Weine abgefüllt sind? »Konstruierte Weine« oder gut gemachte Tropfen, die gefallen? Hinter einem Cuvée-Wein steht meistens die komplexe Philosophie eines Winzers oder, wie zum Beispiel im Bordelais, die lange Historie einer ganzen Region.

Sinn einer guten Cuvée ist es natürlich, die Vorzüge der einzelnen Rebsorten hervorzuheben und ihre Schwächen zu überdecken und/oder auszugleichen. Es ist nur logisch, dass die Ergebnisse fast noch vielgestaltiger sind als die der rebsortenreinen Weine. Leichte Sommer-Cuvées, die gerne von ›Riesling‹, ›Sauvignon Blanc‹ oder ›Müller-Thurgau‹ geprägt sind, dienen als Aperitifs wie auch als leichte Vorspeisenweine. Dementsprechend untypisch sind sie in Situationen, in denen sich Cigarren wohl fühlen. Sensorisch gut werden Kombinationen nur dann, wenn der Winzer Mut zur Restsüße gehabt hat und die Cigarre nicht zu kräftig ist.

Klassische Cuvées aus ›Chardonnay‹ und ›Sémillon‹ sind meistens zu ernsthaft für Cigarren, obwohl Ausnahmen, wie etwa große, weiße ›Graves‹-Weine aus dem Bordelais, die gerne gereift sein dürfen, selbstverständlich vorkommen. Fette, vom ›Chardonnay‹ geprägte Cuvées, meistens aus modernen Anbaugebieten wie Chile und Australien, mit deutlichem Holzton und den entsprechenden Vanilletönen, können ebenfalls ganz trefflich zu Cigarren passen.

Weissweine & Cigarren:
Die Top-5-Kombinationen

2006 Riesling feinherb. Weingut Othegraven, Saar, Deutschland
&
Davidoff Grand Cru № 2. Dominikanische Republik

Einerseits: Einen sehr guten Jahrgang in Deutschland erkennt man auch an den kleinen, jung zu trinkenden Weinen. Andererseits: Gute Cigarren müssen nicht immer kräftig sein. Mit seiner filigranen, schieferbetonten Mineralik und der leichten Restsüße ein Wein, der in der Nachmittagssonne mit der urtypischen, leichten ›Davidoff‹ eine wunderbare Einheit ergibt und uns die Leichtigkeit des Seins lehrt.

1C Blanc 2005. Château Capion, Languedoc-Roussillon, Frankreich
&
Casa de Torres Edición Especial Corona. Nicaragua

Zarte, mit vernünftigem Fasseinsatz geadelte Cuvée aus ›Chardonnay‹, ›Sauvignon Blanc‹ und anderen Reben, mit deutlichen Zitrusnoten und verführerischer Frische. Die ›Corona‹ mit dem dunklen Deckblatt kümmert sich um die Süße im Zwischenspiel. Diese Kombination hat Finesse und Lebendigkeit und macht am lauen Sommerabend wie auch nach dem Essen Spaß, ohne zu belasten.

2005 Gewürztraminer.
Elena Walch, Südtirol, Italien
&
Bolívar Gold Medal.
Kuba

Jede Menge Alkohol und ein breites Kreuz hat dieser ›Gewürztraminer‹ mit der tieffruchtigen Nase und den würzigen Aromen, die sich hervorragend vertragen mit den ausgeprägten Unterholzaromen der kräftigen kubanischen Cigarre, die für die Eleganz der Kombination verantwortlich zeichnet. Ein sattes Vergnügen, das ein ausgedehntes Mittagessen oder einen Feiertag im Grünen vergolden kann. Besonders zu empfehlen mit den ›Gold Medals‹ aus der 2004er Charge.

2006 Sauvignon Blanc.
Culley, Neuseeland
&
Maria Mancini Corona Classico.
Honduras

Mineralität und Frische, ein ausgewogenes Verhältnis von grasigen und hellfruchtigen Aromen, dazu eine verhaltene Säure. Auch kräftigere Cigarren würden theoretisch gut passen, hätten aber nicht diese raffinierte Balance zwischen feiner Würzigkeit und Süße mit dem erfrischenden Moment dieses knackigen Weins. Die belebende Wirkung dieser Kombination kann durchaus ein kreatives Gespräch unterstützen. Fazit: Einfach Extraklasse.

◆ 1

2005 Berg Roseneck Spätlese. Johannes Leitz, Rheingau, Deutschland & Trinidad Fundadores. Kuba

Ein frischer Duft – Apfel, Aprikose, Zitrus – mit zart-floralen Tönen. Dieser ›Riesling‹ bringt saftige und süßliche, leicht kräuterartige Noten und eine üppig reife, teils kandierte, teils getrocknete Frucht fulminant an den Gaumen. Unterstützend wirkt eine stabile mineralische Säure. Die Cigarre hat nur auf solch einen Begleiter gewartet, und so steigert sich das Duett mit zunehmendem Rauchverlauf in einen wahren Wirbel von wunderbaren Eindrücken. Wenn die Cigarre spät scharf wird, erlöst der kalte Wein kathartisch – und man erfreut sich Zug um Zug aufs Neue.

CHAMPAGNER

Noblesse oblige ...

»Ich trinke Champagner, wenn ich froh bin und wenn ich traurig bin. Manchmal trinke ich davon, wenn ich alleine bin; und wenn ich Gesellschaft habe, dann darf er nicht fehlen. Wenn ich keinen Hunger habe, mache ich mir mit ihm Appetit, und wenn ich hungrig bin, lasse ich ihn mir schmecken. Sonst aber rühre ich ihn nicht an, außer wenn ich Durst habe.«

Dieses Zitat stammt von einer Dame adligen Geschlechts, von Elisabeth de Lauriston-Boubers. Als sie diese Aussage tätigte, hieß sie schon Bollinger mit Nachnamen, und nur den wenigsten war ihr Taufname bekannt, denn jeder kannte sie nur als »Lily«. Als sie knapp über vierzig war, starb ihr Mann, Jacques Bollinger, und Lily sah sich gezwungen, dem Wunsch ihres verstorbenen Mannes zu entsprechen und eines der traditionsreichsten Unternehmen in der Champagne zu führen. Das war 1941, mitten im besetzten Frankreich des Zweiten Weltkriegs.

Jacques Bollinger, Spross des Champagner-Hauses ›Bollinger‹, das 1829 ins Leben gerufen wurde, hatte also seiner Frau durchaus zugetraut, die Zügel des Unternehmens couragiert in die Hand zu nehmen und es durch das schwierige Fahrwasser jener bewegten Zeit zu lenken. Er sollte recht behalten: Obwohl die deutschen Besatzer zunächst nichts anderes zu tun hatten, als knapp hundertachtzigtausend Flaschen des edlen Getränks zu beschlagnahmen, konnte Lily die vorübergehenden Machthaber davon überzeugen, wie wichtig die Freilassung ihrer ehemaligen Angestellten aus deutscher Gefangenschaft sei,

Groteske und effektive Symbiosen

Diese Region kann mit zahllosen ähnlichen Anekdoten und Geschichten aufwarten. Es handelt sich bei der Champagne eben um einen Landstrich, in dem Tragik und Posse, Tradition und Innovation groteske wie auch effektive Symbiosen eingegangen sind und immer wieder eingehen. Interessant ist sie allemal, diese Landschaft im Norden Frankreichs, die im Süden an das Burgund grenzt und östlich der Picardie liegt. Hier wird bereits seit über eineinhalb Jahrtausenden Wein angebaut. Damals zeichnete sich allerdings noch keineswegs ab, welches exklusive Getränk einmal als Symbol für diese Region stehen würde.

damit diese wieder ihrer Arbeit in den Weinbergen nachgehen könnten – schließlich wolle ja kein Offizier auf seinen gewohnten Champagner verzichten. Das leuchtete ein …

Auch nach der Befreiung durch US-Truppen lag ihr Wohl und Weiterkommen des Unternehmens sehr am Herzen. Wie ehedem waren für Lily Bollinger Hindernisse dazu da, um sie zu überwinden. Mit Verve führte sie das Traditionshaus in eine erfolgreiche Zukunft, schaffte es, durchaus vorausschauend, ihr Anbaugebiet durch Tausch und Zukauf zu optimieren, legte zudem viel Wert auf geschicktes Marketing – und so konnte das Unternehmen in einem relativ überschaubaren Zeitrahmen seinen Umsatz verdoppeln. 1976, ein Jahr vor ihrem Tod, erfuhr Lily Bollinger schließlich auch öffentliche Anerkennung: Der französische Staat verlieh ihr den ›Ordre National du Merit‹ für ihre Verdienste um die Region Champagne.

Schon im frühen Mittelalter entwickelte sich die Champagne schnell zu einem pulsierenden Handelszentrum, nicht zuletzt durch ihre zentrale Lage im mitteleuropäischen Raum. Die hochwertigen Weine der Region erlangten auch über Frankreichs Grenzen hinaus einen guten Ruf, und besonders in den europäischen Adelshäusern erfreute sich der Wein bald größter Beliebtheit. Schon Ludwig XIV. machte ihn zu seinem Hauswein und leitete damit einen Trend ein. Allerdings handelte es sich zu dieser Zeit, etwa Mitte des 17. Jahrhunderts, immer noch um Weine ohne Kohlensäure, heute als »Stillweine« bekannt. Man entwickelte jedoch langsam eine Vorgehensweise, diesen Wein mittels Gewürzen, Zucker und verschiedenen Siruparten »zum Leben zu erwecken«, also lebendig und perlend zu machen. Vor allem englische Adlige, solche von Geburt und solche von Geld, waren eine sehr wichtige Klientel, und diese Schicht verlangte mehr und mehr nach jenen neuen Weinen, deren Merkmal das Moussierende war.

Es waren schließlich Benediktinermönche wie Pierre Pérignon und Jean Oudart, welche die Methoden der Champagner-Herstellung entscheidend verfeinerten. Ursprünglich lag ihr Bestreben vor allem darin, dem Wein aus der Champagne durch gekonnte Verschnitte von vielfältigem Lesegut und diversen Weinen eine unverwechselbare Qualität zu geben. Dabei ging es den Mönchen und ihren Zeitgenossen keineswegs darum, den Wein in Schaumwein zu verwandeln. Ganz im Gegenteil: Die gläubigen Kellermeister empfanden das leichte Perlen, das sie bei einigen Weinen beobachteten, als Makel und versuchten, diese Reaktionen zu vermeiden.

Schneller Aufstieg, dunkle Wolken, grosses Prestige

Die feine, ursprünglich unerwünschte Perlage war nach heutigen Erkenntnissen das Ergebnis eines natürlichen Prozesses, der in der rauen Champagne vonstatten ging, bedingt durch das kühle Klima sowie die kurze Vegetationsperiode, wodurch der Charakter des Weins nachhaltig beeinflusst wurde. Nachdem die Trauben des richtigen Reifegrads wegen oft erst sehr spät im Jahr in die Lesekörbe kamen, blieb den in den gepressten Trauben enthaltenen Hefen nicht ausreichend Zeit, den vorhandenen Zucker vollständig in Alkohol umzuwandeln, weil die Kühle der letzten Herbst- und der frühen Wintertage den Fermentationsvorgang für mehrere Wochen, gar für einige Monate zum Stillstand brachte. Erst im Folgejahr, mit den entspannteren Temperaturen des Frühlings, kam dann die Gärung in der Flasche wieder in Gang. Das bei diesem Prozess erneut entstehende Kohlendioxid sammelte sich in der verschlossenen Flasche und sorgte für die Bläschen – ein Ergebnis, das von Herstellern und Kundschaft recht unterschiedlich beurteilt wurde.

Das Abfüllen in Flaschen des noch nicht fertig vergorenen Weins entwickelte man in den folgenden Dekaden zu einer regelrechten Kunst, die

über die Jahrhunderte immer weiter verfeinert wurde. Diesem Siegeszug des Champagners sollte sich fortan niemand mehr in den Weg stellen.

Zunächst verbreitete sich der edle Tropfen nur in Adelskreisen, eroberte aber rasch die Gunst zahlreicher Künstler, Intellektueller und Dichter, wie etwa Voltaire und Goethe, und mit zunehmender Verbreitung entdeckte dann überdies das gehobene Bürgertum diesen neuartigen moussierenden Wein für sich.

Ihren Beitrag zum Erfolg des Champagners leisteten auch eine Reihe deutscher Familien wie Roederer, Krug, Mumm, Heidsieck, und das anfangs erwähnte Unternehmen ›Bollinger‹ hat ebenfalls einen deutschen Ursprung. Diese Familien kamen zum großen Teil aus den rheinischen Anbaugebieten in die Champagne – und sie sorgten für einen enormen Aufschwung des Getränks: Produzierte man 1785 dreihunderttausend Flaschen, waren es 1910 beachtliche vierzig Millionen. Bis zum Ende der 1980er Jahre stieg die Produktion gar auf zweihundert Millionen Flaschen an. Die erfolgsverwöhnten Champagner-Produzenten mussten aufgrund der hohen Produktionsmengen jedoch gewaltige Mengen an Trauben hinzukaufen.

Die Preise für Trauben aus der Champagne stiegen dadurch deutlich an und lagen bald um ein Mehrfaches höher als jene für Trauben aus anderen typischen Weinanbauländern wie etwa Italien und Spanien. Mit dem Traubenpreis stieg auch der für die einzelne Flasche Champagner. Diese unglückselige Spirale drehte sich weiter: Nicht wenige Produzenten mussten sich gehörig nach der Decke strecken, und als dann auch noch eine herannahende Rezession die finanziellen Möglichkeiten so manchen Champagner-Liebhabers beschnitt, war der zwischen 1989 und 1992 eklatant sichtbar werdende Einbruch beim Champagner-Absatz einfach nur folgerichtig. Bedingt durch diese Krise gerieten in jener Zeit zahlreiche renommierte Häuser in Bedrängnis und mussten hinnehmen, von einigen namhaften Großkonzernen übernommen zu werden.

Der herausragenden Stellung, die sich dieses königliche Getränk über die Zeiten erworben hatte, konnten die erwähnten Vorgänge jedoch nichts anhaben. Auch wenn die mit Champagner assoziierten Begriffe wie »abgehoben« und »dekadent«, »protzig« und »übertrieben«, aber auch »exklusiv« und »extravagant«, »kultiviert« und »stilvoll«, dann wiederum »ein Hauch von wohliger Verruchtheit« nicht durchweg positiv besetzt sind, so kulminieren jene Begriffe gleichwohl in einer Art anziehender Bewunderung, welche diesem perlenden Getränk nach wie vor zuteil wird.

Angezogen von diesem perlenden Getränk haben sich, neben einer großen Schar konsumierender Zeitgenossen, auch zahlreiche bekannte und herausragende Persönlichkeiten als kapitale Champagner-Liebhaber hervorgetan. Unter ihnen finden sich große Namen der Weltpolitik ebenso wie Schriftsteller und Schauspieler. So wurde beispielsweise Reichskanzler Otto von Bismarck gleichermaßen wie Preußenkönig Friedrich Wilhelm IV. ein ausgesprochenes Faible für den Champagner nachgesagt. Marilyn Monroe soll sogar darin gebadet haben. Napoleon, der auf allen Feldzügen Unmengen von Champagner mit sich geführt haben soll, wird mit den Worten zitiert: »Bei Siegen hat man ihn

verdient, bei Niederlagen braucht man ihn.« Der wohl bekannteste Cigarrenraucher der Neuzeit, Winston Churchill, dem die Kubaner ein Cigarrenformat und das Champagner-Haus ›Pol Roger‹ ihre Prestige-Cuvée widmeten, soll über die Begegnungen mit einem anderen großen Staatsmann Folgendes gesagt haben: »Franklin D. Roosevelt kennen zu lernen war wie das Öffnen der ersten Flasche Champagner; ihn später zu kennen war wie ihr Genuss.« Ein weiterer bekannter Cigarrenraucher, Mark Twain, sah im Champagner »die wohl glückhafteste Inspirationsquelle«, und auch Theodor Fontane, geistiger Vater der Effi Briest, hatte seine Prioritäten felsenfest gesetzt: »Wenn man die Wahl hat zwischen Austern und Champagner, so pflegt man sich in der Regel für beides zu entscheiden.«

Einige Worte zu den Trauben...

Zur Champagner-Herstellung sind offiziell nur drei Rebsorten zugelassen, die in den meisten Champagnern auch allesamt zum Einsatz kommen. Nur in recht seltenen Fällen werden sie sortenrein ausgebaut. Als da sind …

Chardonnay
Diese einzige weiße Rebsorte, aus der Champagner hergestellt werden darf, sorgt in jungen Champagnern für die Frische und die Stringenz. Wenn der Champagner reift, bewahrt der ›Chardonnay‹ die Fruchtigkeit.

Pinot Noir
Die große burgundische Rebsorte, in Deutschland als ›Spätburgunder‹ bekannt, steht für Körper und Kraft im Champagner.

Pinot Meunier
Auch ›Schwarzriesling‹ und, wegen seines weißen Belags, manchmal ›Müllerrebe‹ genannt. Er bringt die subtilen Aromen, die Fülle und den Schmelz in den Champagner.

... und einige zum Wesen des Champagners

Natürlich ist Champagner nicht gleich Champagner. Für die vielfältigen Momente, in denen sich der Genießer den König der Schaumweine auf die Zunge legen kann, gibt es eine Vielzahl an Champagner-Sorten, die nicht nur im Geschmack, sondern auch in Bezug auf Rebsortenzusammenstellung, Herstellungsmethoden, Lagerfähigkeit und Preis weit auseinander liegen. Und was die Möglichkeit angeht, Champagner und Cigarren zu kombinieren, so findet der Interessierte erste Hinweise auf dem Etikett.

Champagner Non-Vintage (NV)
Champagner ohne Jahrgangsbezeichnung wird, wenn nicht anders gekennzeichnet, aus allen drei Rebsorten hergestellt und ist meist ein frischer, jung zu trinkender Aperitif-Champagner. Steht gerne für die Stilistik des Champagner-Hauses. Je nach Stil kompatibel mit Cigarren. Situativ meistens passend zu leichten, fruchtigen Tagescigarren.

Champagner Vintage
Jahrgangs-Champagner muss, logischerweise, mit einer Jahreszahl versehen sein. Die meisten Häuser produzieren nur in guten Jahren Vintage-Champagner. Reife Champagner passen in der Regel besser zu Cigarren als junge, weil sie körperreicher und vollmundiger sind.

Blanc de Blancs
Champagner, der nur aus ›Chardonnay‹-Trauben hergestellt wird, hat auch ohne Jahrgangsbezeichnung meist schon ein gutes Reifepotenzial, Champagner aus einem guten Jahrgang noch mehr. Verhält sich zu Cigarren umso besser, je voller im Geschmack.

Blanc de Noirs
Nur aus ›Pinot Noir‹- und/oder ›Pinot Meunier‹-Trauben hergestellt. ›Blanc de Noirs‹ aus einem ›Pinot Noir‹ ist deutlich häufiger zu finden als reiner ›Pinot Meunier‹. Haben mit und ohne Jahrgang meist ein gutes Reifepotenzial und passen oft gut zu Cigarren, vor allem zu hochwertigen Exemplaren aus der Dominikanischen Republik.

Champagner rosé
Ob als Verschnitt aus roten und weißen Grundweinen oder nach der »Saignée-Methode« hergestellt, bei der rote Trauben unter ihrem eigenen Gewicht »ausbluten« – Rosé-Champagner ist, je nach Qualitätsstufe, oft fruchtiger und breiter am Gaumen als sein weißer Bruder und daher auch zumeist gut zu Cigarren zu genießen.

Cuvée Prestige
In guten Jahrgängen leisten es sich nahezu alle Champagner-Häuser, neben ihren Basis-Cuvées in Weiß und Rosé und den Vintage-Champagnern eine herausragende Qualität abzufüllen, die aus besonderen Weinbergen und Lagen, zudem sehr oft als Jahrgangs-Champagner, produziert wird. Dieser Champagner fordert mehr als alle anderen Produkte eines Unternehmens das Geschick des jeweiligen Kellermeisters und ist selbstverständlich der Vorzeige-Champagner des Hauses. Berühmte ›Cuvées Prestige‹ sind: ›Dom Pérignon‹, ›Dom Ruinart‹, ›Pol Roger Cuvée Winston Churchill‹, ›Pommery Cuvée Louise‹, ›Roederer Cristal‹, ›Taittinger La Grande Dame‹.

Von Quart über Methusalem bis Melchisedech

Ein weites Feld sind die verschiedenen Flaschengrößen beim Champagner. Sie alle orientieren sich an der Standardgröße der 0,75-Liter-Flasche, und der überwiegende Teil (der Großflaschen) trägt biblische Namen (sehr oft solche von vorchristlichen Königen). Handelsüblich werden halbe und ganze Flaschen sowie ›Magnums‹ und ›Doppelmagnums‹ angeboten.

Die Flaschengärung findet nur in Standardflaschen, ›Magnums‹ und ›Doppelmagnums‹ statt, während die anderen Großflaschen – meist für besondere Anlässe – explizit bestellt und dann erst abgefüllt werden. Eigentlich schade, denn gute Jahrgangs-Champagner reifen, ähnlich wie Rotweine, in großen Flaschen deutlich ausgewogener als in den Standardflaschen. Bei kleinen Flaschen ist die Gefahr der Überlagerung dagegen relativ hoch.

Quart
Enthält eine Füllmenge von 0,2 Litern, also etwa ein Viertel einer ganzen Flasche. Das entspricht dem deutschen ›Piccolo‹ – eine Flaschengröße, die für deutschen Sekt der Firmen ›Henkell & Söhnlein‹ sowie ›Kessler Sekt‹ urheberrechtlich geschützt ist.

Demi-bouteille (Filette)
Enthält eine Füllmenge von 0,375 Litern, also exakt die Hälfte einer ganzen Flasche. Man findet diese Größe gerne in Geschenksets und Picknickkörben, weil sich der Inhalt gut auf zwei Personen aufteilen lässt.

Bouteille
Klassische Standardgröße, in der die Champagner-Häuser alle ihre Sorten abfüllen. Eine Flasche reicht in der Regel für zwei Personen zu einem romantischen Essen oder für vier Personen als anregender Aperitif beziehungsweise nach dem Essen.

Magnum
Enthält eine Füllmenge von 1,5 Litern, also die Menge von zwei ganzen Flaschen. »Magnum« kommt aus dem Lateinischen und heißt schlicht und einfach »groß«. Der Begriff tauchte Ende des 18. Jahrhunderts in England erstmalig auf. Die ›Magnum‹ ist bei Sammlern eindeutig die beliebteste Größe.

Jeroboam (Doppelmagnum)
Enthält eine Füllmenge von 3,0 Litern, also die Menge von vier ganzen Flaschen. Jeroboam war der erste König des Nordreichs Israel und regierte vor 900 v. Chr.

Rehoboam
Enthält eine Füllmenge von 4,5 Litern, also die Menge von sechs ganzen Flaschen. Unter Rehoboam, Sohn des weisen Salomon und später König von Juda, zerfielen die Stämme des Königreichs Israel in die Reiche Israel und Juda.

Methusalem
Enthält eine Füllmenge von 6,0 Litern, also die Menge von acht ganzen Flaschen. Methusalem war der Großvater Noahs, dem Erbauer der Arche, und wurde angeblich 969 Jahre alt.

Salmanazar
Enthält eine Füllmenge von 9,0 Litern, also die Menge von zwölf ganzen Flaschen. Salmanazar

war ein assyrischer Herrscher des 9. Jahrhunderts v. Chr., dessen Amtszeit von zahlreichen Kriegen und Spannungen geprägt war.

Balthazar
Enthält eine Füllmenge von 12 Litern, also die Menge von sechzehn ganzen Flaschen. Balthazar ist ein Vorname babylonisch-hebräischen Ursprungs und bedeutet so viel wie »Baal (Gott) schütze sein Leben«.

Nebukadnezar
Enthält eine Füllmenge von 15 Litern, also die Menge von zwanzig ganzen Flaschen. Es gab insgesamt vier babylonische Könige mit dem Namen Nebukadnezar, was übersetzt »Gott Nebu (Nabu) schütze das Leben meines ersten Sohnes« heißt.

Melchior
Enthält eine Füllmenge von 18 Litern, also die Menge von vierundzwanzig ganzen Flaschen. Melchior war einer der Weisen aus dem Morgenland. Die Flaschengröße wird vereinzelt auch als ›Goliath‹ bezeichnet, so benannt nach dem biblischen Riesen, den David mit einem Stein aus seiner Schleuder bezwang.

Sovereign
Enthält eine Füllmenge von 26,25 Litern, also die Menge von fünfunddreißig ganzen Flaschen. Gelegentlich kommt auch die Schreibweise ›Souverain‹ vor. Eine recht ungewöhnliche Größe, die auch nur äußerst selten anzutreffen ist.

Primat
Enthält eine Füllmenge von 27 Litern, also die Menge von sechsunddreißig ganzen Flaschen. Bedeutet »der Erste« und bezieht sich auf die Vormachtstellung des Papstes in der katholischen Hierarchie.

Melchisedech
Enthält eine Füllmenge von 30 Litern, also die Menge von vierzig ganzen Flaschen. Der »König der Rechtschaffenheit« taufte Abraham und war der oberste Hohepriester, vielleicht sogar König im vorchristlichen Jerusalem.

Madame Louise Pommery und der 1874er

Farewell then Pommery Seventy-four!
With reverential sips,
We part and grieve that nevermore
Such wine may pass your lips.

So dichtete ein englischer Barde den Text des schottischen Volkslieds *Aude Lang Syne* um, nachdem er zum ersten Mal trocken ausgebauten Champagner verkostet hatte.

Wohlgemerkt, es handelte sich um Champagner des Jahrgangs 1874, den Madame Louise Pommery, Eigentümerin und Geschäftsführerin des gleichnamigen Champagner-Hauses in Reims, nach den Wirren des Deutsch-Französischen Krieges von 1870/71 endlich auf die Flaschen ziehen konnte – als den besten Jahrgang jenes Jahrhunderts.

Das war ein Wagnis. Nachdem die deutschen Truppen die Lager in der Champagne geplündert hatten, hieß es vor allem, dringend für Nachschub an die englischen und russischen Höfe zu sorgen. Dort war der Geschmack vornehmlich von jenen süßen Schaumweinen geprägt, welche die Jahre zuvor aus Frankreich geliefert worden waren. Madame Pommery bestand aber nun darauf, nur sehr trockenen Champagner herzustellen. Diesem moussierenden Getränk, davon war sie überzeugt, gehörte die Zukunft. Von ihrer Meinung wich sie denn auch kein Jota ab, obwohl ein ›Champagner brut‹ bedeutend mehr Aufwand bedeutete als jeder seiner lieblicheren Cousins. So mussten die Trauben für den ›Brut‹ (der nach heutiger Definition nicht mehr als 15 Gramm Restzucker pro Liter aufweisen darf) deutlich länger am Rebstock bleiben, um später Frucht und Finesse ins Glas zu bekommen. Das konnte gerade im kühlen und regnerischen Klima der Champagne ein hohes Risiko von Ernteverlusten bedeuten, verbunden mit empfindlichen finanziellen Einbußen.

Als wollte der Himmel die Ressentiments der Berater um Madame Pommery bestätigen, fielen dann auch die ersten drei Jahrgänge sehr schlecht, ja geradezu verheerend aus (und somit geschmacklich miserabel). Dann, nach einem traumhaften Sommer und dem schönsten Herbst des Jahrhunderts, konnte endlich der ›1874er‹ abgefüllt werden. Ein Meilenstein in der Champagner-Geschichte: Der trockene Jahrgangs-Champagner war geboren.

Weisser Champagner & Cigarren:
Die Top-5-Kombinationen

La Parisienne 2000 1ers Crus. Demoiselle de Vranken
&
José Martí Petit Lanceros. Nicaragua

Trocken und mit fast ätherischen Zitrusnoten ist dieser Jahrgangs-Champagner der perfekte Aperitif und sehnt sich nach einer kleinen, allerdings mittelkräftigen Begleiterin. Diese Nicaraguanerin kommt da mehr als recht. Ihre früh würzigen Kaffeearomen mit leichter Bitterkeit spielen mit dem frischen, floralen Grundton des Champagners. Die Cigarre überzeugt durch verhaltene Rauchentwicklung mit guter Temperatur und wenig Schärfe. Ein schöner Moment im Sommer auf der Terrasse oder der Veranda.

Gold POP Vintage 2002. Pommery
&
Hoyo de Monterrey Short Robusto. Kuba

Ob Champagner unbedingt mit dem Strohhalm zu trinken ist, sei dahingestellt. Fest steht: Kleine Einheiten passen zu kleinen Zeitfenstern, und dieses erste »Jahrgangs-Champagnerchen« verträgt sich mit seiner minimalen zitronigen Restsüße wunderbar mit der genannten leichten ›Short Robusto‹ (einem Format, das insgesamt immer beliebter wird). Die Havanna beeindruckt durch ihren vollen, gleichwohl cremig-fruchtigen Rauch. Auch die smarte, spätere Würze fängt der Champagner elegant ab. GePOPt wird, wenn der Abend allmählich herannaht.

❸

**Cuvée Brut Classique.
Alfred Gratien
&
Pléiades Perseus.
Dominikanische Republik**

❷

**1996 Dom Ruinart.
Ruinart
&
El Rey del Mundo Tainos.
Kuba**

Frankophile Vermählung. Diese »Französische« hat sich den relativ unbekannten ›Cuvée Brut Classique‹ von ›Alfred Gratien‹ aufgrund seiner aromatischen Kraft sowie seiner exotischen Fruchtigkeit und seines jungen Elans ausgesucht. Pfirsich, Mango und Aprikose federn eine ätherische Frische ab und machen so den Weg frei für die leichten, klassisch dominikanischen Aromen, feinwürzig und sehr spät mit leichter Schärfe gepaart.

Wer einen ›1996 Dom Ruinart‹ im Weinschrank hat und gute Cigarren schätzt, der besitzt bestimmt auch noch eine der seltenen Kisten dieser großartigen Cigarre. Viel Rauch, reif, fruchtig, antik und so eindrucksvoll kubanisch, lässt sich die Cigarre über die Rauchdauer mit zwei bis drei Gläsern dieses Ausnahme-Champagners begleiten und schenkt dem glücklichen Genießer eine Auszeit sondergleichen. Bleibt lediglich die äußerst sensible Frage, mit wem man diese Augenblicke nebst der Flasche teilt …

Cuvée Louise 1998.
Pommery
&
Davidoff Grand Cru № 2.
Dominikanische Republik

Frisch und lebendig, mit satter Präsenz und rassiger Eleganz lässt die ›Louise‹ nur ganz besonders raffinierte Begleiter zu, und zwar solche, die ihre Mineralität und Kraft zu schätzen wissen. Die subtil-cremige, elegante ›Davidoff‹ mit klassischem Ringmaß und schöner Rauchentwicklung begleitet die Dame zum Ball der Aromen: dezent, charmant und unaufdringlich. Jederzeit, vor allem aber in großen Momenten, ein hinreißender Genuss.

Rosé-Champagner & Cigarren: Die Top-5-Kombinationen

**Brut Rosé,
François Hémart
&
The Griffin's Short Perfecto,
Dominikanische Republik**

Angenehme Restsüße, hefige Löffelbiskuits, Himbeeren, Kirschen. Dazu ein langer, fruchtiger Abgang. Der gesamte Gaumen freut sich jetzt auf feinwürzigen dominikanischen Rauch mit ein wenig holziger Grundnote. Dazu lässt dieser feminine Champagner die Sonne aufgehen. Die Kombination erfreut weniger erfahrene Cigarrenraucher und zeigt versierten Aficionados, dass auch leise Töne eine schöne Melodie ergeben können.

**Cuvée Paradis Brut Rosé,
Alfred Gratien
&
Bossner Short Piramide,
Dominikanische Republik**

Auffällig ist schon die lachsfarbene, an helles Kupfer erinnernde Optik dieses großen Rosé-Champagners. Lebendig nach Orangenzesten und Gewürzen duftend, weckt er die Vorfreude. Es folgt ein voller, harmonischer Geschmack am Gaumen, der einen ausgewogenen Begleiter sucht – und in der modernen ›Bossner‹ auch findet. Deren leichte Eigensüße und die sehr zurückhaltende Würze schmiegen sich regelrecht um den Champagner und öffnen die Pforte zum Paradi(e)s noch ein klein wenig weiter.

Rosé Brut. Henriot
&
Trinidad Robusto Extra. Kuba

Brut Rosé. Delamotte
&
Macanudo Shakespeare Gold Label. Dominikanische Republik

Wenn der überhaupt nicht abschätzig gemeinte Ausdruck »Pink Bubbly« je zu einem Champagner gepasst hat, dann zu diesem satten, rosafarbenen, kräftigen ›Rosé Brut‹ mit dem lebendigen Mousseux und dem hinreißend saftigen Duft nach Erdbeeren und Kirschen. Viel kräftiger Rauch aus einer ›Robusto‹ mit Überlänge und klassisch-kubanischem Geschmack ohne sensorische Ausreißer gefällt in einer lebensfrohen Runde von Genießern ohne jede überzogene Attitüde.

Ein Champagner nach dem Geschmack von »Zuhörern«, also Genießern, die sich ganz alleine gut mit einem Glas ihres gewählten Getränks beschäftigen können. Zart, elegant, aber nicht im Geringsten ausdruckslos. Ihn mit jeder verfügbaren Cigarre zu kombinieren wäre falsch, die durchweg leichte und sehr elegante große ›Corona‹, die sich geschmacklich unterordnet, doch so dem Champagner Raum lässt, um zur Geltung zu kommen, ist eine der wenigen Möglichkeiten, zudem eine exzellente! Natürlich kann diese Feiertagskombination auch zu mehreren genossen werden.

1996 Dom Ruinart Rosé.
Ruinart
&
H. Upmann Sir Winston.
Kuba

An diesem »Cigarren-Champagner« par excellence kommt man einfach nicht vorbei. Sein fulminantes Bouquet nach reifen Früchten und die ausgesprochene Länge und Präsenz am Gaumen machen ihn unverwechselbar. Er will von reifen, dunklen Kubanerinnen begleitet werden. Man kann auch schlanke oder kürzere Formate nehmen, aber die Königin aus dem Hause ›H. Upmann‹ lässt keine Wünsch offen. Grandioses Gespann für herausragende Momente.

Schaumwein

Cava, Crémant & Consorten

*»Bring er mir Sekt, Bube –
ist keine Tugend mehr auf Erden?«*

William Shakespeare lässt Heinrich IV. diesen Satz ausrufen, doch hat dabei Seine Majestät – Pardon: Shakespeare – keineswegs das perlende Getränk gemeint, an das unsereins heute denkt, wenn von »Sekt« die Rede ist. Um die Wende vom 16. zum 17. Jahrhundert meinte der große englische Dramatiker Sherry, genauer gesagt trockenen Sherry, denn für nichts anderes stand seinerzeit dieses Wort, entlehnt dem lateinischen »siccus« (»trocken«).

So blieb es bis ins 19. Jahrhundert. Schließlich, im November 1825, begab sich, schenkt man der Überlieferung Glauben, der Berliner Schauspieler Ludwig Devrient wie jeden Abend in sein Stammlokal ›Lutter & Wegener‹ am Gendarmenmarkt, wo er seinen Champagner zu trinken pflegte. An diesem besagten Abend gab der als »Theatergenie« gefeierte Mime seine Bestellung mit dem nämlichen Zitat auf, aber da der Kellner, der eigentlich einen Sherry hätte servieren müssen, wohl nicht richtig hingehört hatte, brachte er dem Schauspieler das gewohnte perlende Getränk.

Das deutsche Wort für Schaumwein war geboren und bürgerte sich, von der Spree-Metropole aus, allmählich in den deutschen Landen ein.

Schäumender Genuss – und die Geburtsstunde des ›Kir Cigar‹

Wie dem auch sei: Bei der Frage, ob es denn stets Champagner zu sein hat, fällt dem wahren Genießer, auch im Hinblick auf seinen Geldbeutel, die Antwort leicht, gibt es doch, vor allem für die weniger festlichen Tage, genügend Alternativen. Auch wenn dem Champagner uneingeschränkt die Getränkekrone gebührt, sei ein Einwurf gestattet: Wer nur und immer Champagner trinkt, der beraubt sich vielerlei anderer Genüsse – selbst ein ausgewiesener Feinschmecker ernährt sich ja auch nicht ausschließlich von Hummer und Kaviar.

Das Faszinosum am Schaumwein ist zweifelsfrei das belebende Moment, hervorgerufen durch die feinen Bläschen, die im Glas, in der Nase und auf der Zunge so amüsant und verspielt den Augenblick veredeln und demjenigen, der das Vergnügen hat, ein ums andere Mal, Schluck für Schluck ein Lächeln aufs Gesicht bringen – zumindest, wenn es sich um einen guten Schaumwein handelt. Leider tummeln sich in jedem Bereich, in dem etwas Gutes hergestellt wird, immer auch Produzenten, welche der Einfachheit halber (und angesichts des lohnenden Profits) den Weg des geringsten Widerstands gehen und Methoden schematisieren, die besser ein wenig aufwendiger betrieben worden wären.

Ein anderer Nachteil, der dem Schaumwein gegenüber dem Champagner buchstäblich innewohnt, hat weniger mit seiner Qualität zu tun als mit seiner Lagerfähigkeit. Hier offenbart sich ein gravierender Unterschied: Während Stillweine oft ein bestimmtes Lagerpotenzial haben und auch große Jahrgangs-Champagner in der Flasche weiterreifen können, ist die überwiegende Mehrzahl der internationalen Schaumweine zum sofortigen Genuss bestimmt. Sie sind wenig nachhaltig, umso mehr jedoch lebendig und schnell – eben prickelnd (was wiederum kein Nachteil sein muss).

Somit haben es zahlreiche Schaumweine einfach nicht verdient, zu Alternativen für Champagner »degradiert« zu werden, sind sie doch souveräne Produkte mit den ihnen eigenen Typizitäten und geschmacklichen Merkmalen. Also kommen deutscher Sekt, italienischer Prosecco, spanischer Cava sowie die Crémants aus den klassifizierten französischen Anbaugebieten würdig in die Gläser, begleiten und beleben dabei Aperitif-Situationen und Speisenfolgen, erfrischen nach dem Essen und bei Empfängen – und in besonders schönen Momenten korrespondieren sie auch mit einer guten Cigarre.

Vor einigen Jahren stand vor einem recht hochwertigen Event die Frage nach einem besonders guten Aperitif für Cigarrenabende im Raum. Die Lösung wurde schließlich gefunden in der Abwandlung eines der bekanntesten Apéro-Klassikers, des ›Kir Royal‹. Besagter Apéro besteht aus einem Spritzer ›Crème de Cassis‹, der mit Schaumwein aufgegossen wird und so einen hellroten, mit fruchtigen Aromen und kalter Frische wunderbar präsenten »Before-Dinner-Drink« ergibt. Für den angestrebten ›Kir Cigar‹ ersetzte man den Likör aus Schwarzen Johannisbeeren durch alten Sherry aus der ›Pedro Ximénez‹-Traube – und es entstand ein frischer Aperitif mit den männlich-rauchigen Noten des Sherrys und der leichten Süße von Trockenfrüchten, der herrlich zu den gereichten Aperitif-Cigarren passte. Diese Rezeptur eignet sich

auch hervorragend, wenn es darum geht, recht einfache, eindimensionale Schaumweine aufzuwerten – weshalb man nicht nur stets eine Flasche Schaumwein, sondern auch immer eine Flasche süßen Sherrys im Haus haben sollte.

WIE DIE BLÄSCHEN IN DEN EDLEN WEIN KOMMEN

Der Vorgang der zweiten Gärung, bei der das Kohlendioxid nicht an die Umwelt abgegeben wird, sondern »im Wein« bleibt, zeichnet alle Schaumweine aus. Am authentischsten geschieht das bei der traditionellen Flaschengärung, früher ›Méthode champenoise‹ genannt. Allerdings gibt es verschiedene Möglichkeiten, um die Bläschen in den edlen Wein zu bekommen.

Traditionelle Flaschengärung

Die Bezeichnung ›Méthode champenoise‹ ist seit 1994 durch eine Verordnung der ›Europäischen Union‹ gesetzlich geschützt, und zwar für das Herstellungsverfahren eines Champagners. Nur ein nach dieser Methode erzeugter Schaumwein, dessen »Rohstoff«, die Trauben, allesamt in der Weinbauregion Champagne angebaut worden sind und dort auch gekeltert werden, darf sich demnach »Champagner« nennen. Außerhalb der Champagne nennt man das Verfahren für einen mittels Flaschengärung erzeugten Schaumwein unter anderem ›Méthode traditionelle‹, ›Méthode classique‹, ›Metodo classico‹ und (in Südafrika) ›Méthode cap classique‹. Bei diesem System erzeugen die Kellermeister die Kohlensäure mittels einer zweiten Gärung, die in der Flasche durch Zugabe von Rohr- oder Rübenzu-

cker sowie von Hefe stattfindet, ehe die Hefe später durch die »Remuage« und das »Degorgieren« wieder entfernt wird. Hierbei werden die Flaschen kopfüber in den bekannten Pulten gerüttelt, während man im nächsten Schritt die im Flaschenhals gesammelte Hefe einfriert und als Eispfropf entfernt. Schließlich füllt man den Wein mit der ›Dosage‹ auf, einem Reservewein, wobei deren Zuckergehalt später die endgültige Geschmacksrichtung des Schaumweins bestimmt.

Der klassischen Flaschengärung ähnliche Verfahren, hauptsächlich in Südfrankreich angewendet, sind die ›Méthode rurale‹ und die ›Méthode dioise‹, bei denen der nicht fertig vergorene Most auf Flaschen gezogen wird und dort zu Schaumwein weiterreift. Bei diesen Verfahren wird unterschiedlich »degorgiert«, während man auf die ›Dosage‹ nicht zurückgreift.

Tankvergärung

Der hierfür verwendete Fachausdruck lautet ›Méthode Charmat‹. Bei dieser Methode findet die zweite Gärung nicht in der Flasche, sondern in großen Tanks statt, die heute meistens aus Edelstahl bestehen. Die Hefe wird durch Filtration entfernt und der Schaumwein auf Flaschen gezogen.

Diese Zweitvergärungsmethode wurde in Russland zum Durchlaufverfahren weiterentwickelt, bei dem bis zu fünf Tanks durch Ventile verbunden sind und der Stillwein im ersten Tank mit Zucker und Hefe versetzt wird. Durch den entstehenden Druck pumpt sich der Schaumwein von Tank zu Tank weiter, wird filtriert, gereinigt, tritt nach einigen Wochen fertig in den fünften Tank ein und kann abgefüllt werden.

Transvasierverfahren

Hier handelt es sich um eine Kombination aus Tankverfahren einerseits und Flaschengärung andererseits. Ganz klassisch findet die zweite Gärung in der Flasche statt, doch nach Beendigung des chemischen Prozesses wird der Wein in einen großen Tank gefüllt und durch Filtration von der Hefe getrennt.

Die meisten deutschen Sekte, die auf dem Etikett nicht durch »Klassische (Traditionelle) Flaschengärung«, sondern nur durch »Flaschengärung« gekennzeichnet sind, werden auf diese Weise hergestellt. Bei Schaumweinen aus Übersee weist dagegen der Begriff »Bottle fermented« auf das besagte Verfahren hin.

Imprägnierverfahren

Bei diesem Verfahren, das mitunter auch »Karbonisierung« oder einfach »Imprägnierung« genannt wird, pumpt man unter Druck Kohlendioxid in große Tanks mit Stillwein. Durch das recht instabile Gas entsteht freilich ein wenig eleganter Mousseux.

Anhand des Etiketts auf der Flasche muss nachzuvollziehen sein, auf welche Weise der betreffende Perl- beziehungsweise Schaumwein hergestellt worden ist (»Mit zugesetzter Kohlensäure«). Dieses Verfahren findet auch bei der Produktion zahlreicher anderer Getränke Verwendung, und zwar sowohl bei alkoholischen als auch bei nichtalkoholischen, etwa Limonaden.

Die Schaumwein-Familie

Wie beim Stillwein entscheiden viele Faktoren über das endgültige Geschmacksbild eines fertigen Schaumweins, und wie beim Stillwein sind Herkunft und Rebsorten an allererster Stelle zu nennen. Natürlich bringen die klassischen Champagner-Reben ›Chardonnay‹ und ›Pinot Noir‹ – der ›Pinot Meunier‹ ist hier eher zu vernachlässigen – auch außerhalb der Champagne sehr gute Ergebnisse. Indes liefern Reben wie ›Chenin Blanc‹ und ›Sauvignon Blanc‹ ebenfalls sehr gute Schaumweine.

Bei deutschen Sekten greifen die Winzer gerne auf ›Riesling‹ zurück, transportieren somit wunderbar den eigenständigen Charakter dieser Rebsorte, aber auch ›Weißburgunder‹, ›Kerner‹ und ›Elbling‹, um nur einige zu nennen, sowie ausgewogene Cuvées bringen in allen deutschen Anbaugebieten grandiose Ergebnisse.

Hingegen steht der italienische ›Prosecco‹ für eine Getränkerange aus ›Frizzantes‹ (Perlwein) und ›Spumantes‹ (Schaumwein). Der Prosecco-Boom der 1990er Jahre sorgte allerdings auf manchen Etiketten auch für Stilblüten, wie etwa ›Prosecco di Chardonnay‹. Rote Schaumweine wiederum werden klassisch an der Krim aus ›Cabernet Sauvignon‹, ›Merlot‹ sowie aus regionalen Rebsorten, in Italien aus ›Marzemino‹ und in der Übersee-Weinwelt schon mal aus ›Syrah‹ hergestellt.

Mitentscheidend für das Geschmacksbild ist der Süßegrad der Weine, der in Stillweinen sensorisch viel früher wahrgenommen wird als in Schaumweinen. Folgende Restzuckerwerte sind auf den Etiketten an den dazugehörigen Zusatzbezeichnungen erkennbar:

- Bis 3 g/l Restzucker: *brut nature (brut de brut, bruto, natural, naturherb, pas dosé, dosage zero)*
- Bis 6 g/l Restzucker: *extra brut (extra bruto, extra herb)*
- Bis 15 g/l Restzucker: *brut (bruto, herb)*
- 12–20 g/l Restzucker: *extra dry (extra secco, extra trocken)*
- 17–35 g/l Restzucker: *dry (asciutto, sec, trocken)*
- 33–50 g/l Restzucker: *demi-sec (abboccato, medium dry, halbtrocken)*
- Über 50 g/l Restzucker: *doux (dolce, süß, sweet)*

Wo Wein gekeltert wird, wird in aller Regel auch Schaumwein produziert. Das hat immer noch den Touch des Besonderen, eine qualitative Verführung sozusagen, denn es gibt viele Winzer, die aus einem kleinen Teil ihres Stillweins Schaumweine herstellen, die nur zum Eigenverbrauch oder für besonders gute Kunden und Freunde Verwendung finden. Andere Betriebe hingegen haben sich zu hundert Prozent auf die Herstellung der sprudelnden Freudebringer konzentriert und versorgen, ob regional oder überregional, national oder international, ihre Anhänger mit Sekt oder Cava, Crémant, Prosecco oder Moscato d'Asti, Krimsekt oder Sparkling.

Sekt
Deutscher Sekt ist als Ursprungsbezeichnung noch immer nicht rechtlich geschützt, weshalb theoretisch jeder Produzent auf dieser Welt seinen Schaumwein »Sekt« nennen könnte. Das wird aber nicht praktiziert, denn diese Begrifflichkeit hat sich für deutsche Schaumweine schon lange durchgesetzt. ›Deutscher Sekt b.A.‹ steht für Sekte aus Grundweinen bestimmter Regionen, darf also nur aus Weinen geschützter Anbaugebiete wie Baden, Mosel, Rheingau et cetera kommen. Beim ›Winzersekt‹ sieht es etwas anders aus: Nach dem deutschen Weingesetz dürfen ausschließlich jene Betriebe ›Winzersekt‹ herstellen und anbieten, die auch selbst Weine an- und ausbauen, also keine Betriebe, die nur Lesegut kaufen. Zahlreiche hochwertige deutsche Sekte eignen sich hervorragend als Aperitifs, sind auch wie geschaffen, zusammen mit Cigarren eine schöne »Before-Dinner-Situation« zu begleiten.

Cava
Diese spanischen Schaumweine aus mehr als hundert zugelassenen Regionen definieren sich sowohl über ihre Herstellung als auch über die zugelassenen Rebsorten. Der Name bezieht sich auf die Reifekeller, in denen der Schaumwein lagert. Insbesondere die in Katalonien liegende Region Penedès bringt schon seit vielen Dekaden sehr gute Schaumweine auf den Markt (die jedoch in Mitteleuropa erst seit einigen Jahren bemerkt werden). Rebsorten wie ›Macabeo‹ und ›Parellada‹ stehen für trockene, gleichwohl frische,

fruchtig-florale Cavas, die oft gut zu klassischen dominikanischen und leichten honduranischen Cigarren passen.

Crémant

Das französische Pendant zum Champagner kommt meist aus den anderen klassischen Regionen: der Loire oder dem Burgund, dem Elsass oder dem Bordelais. Es sind verschiedene Rebsorten für jede Region zugelassen. Die Vielzahl an Crémants macht es schwer, pauschal über ihre Verträglichkeit mit Cigarren zu urteilen. Zahlreiche Crémants von der Loire oder aus dem Limoux sind von leichter Restsüße, zudem mit zitronigen Aromen und Mineralität gesegnet und passen daher recht gut zu floralen Tagescigarren. Crémants aus dem Elsass oder dem Bordelais sind dagegen deutlich ernsthafter und trockener und empfehlen sich weniger.

Prosecco

… ist nicht gleich Prosecco. Viel Massenware hat in den letzten zwanzig Jahren dem Image des italienischen Schaumweins sehr geschadet. Meist ist man am besten beraten, sich an die Empfehlungen seines Weinhändlers zu halten. Allerdings haben nicht wenige gute Prosecco-Hersteller neben ihren trockenen Varianten auch restsüße, florale Prosecci im Sortiment, die mit Cigarren recht kompatibel sind.

Moscato d'Asti

Dieser niedrigprozentige Perlwein mit honigartigem Bouquet, intensiver Restsüße und sehr sanftem Mousseux ist für Cigarrenfreunde die oft sehr verträgliche Alternative zu trockenen Schaumweinen. Nicht mit ›Asti Spumante‹ zu verwechseln und ruhig etwas tiefer in die Tasche greifen. Es lohnt sich.

Krimsekt

Aus der Ukraine kommender weißer und roter Schaumwein, der mit den in Westeuropa erhältlichen »Kalten-Krieg-Produkten« wenig gemein hat. Er wird aus internationalen und regionalen Rebsorten erzeugt, die nicht unbedingt an der Krim angebaut werden müssen. Diese häufig süß ausgebauten Schaumweine sind recht passend zu Cigarren (welche ruhig kräftig sein können).

Sparkling

Übersetzt steht »Sparkling« für »funkelnd« und meint natürlich die sprudelnden Reflexe im Glas. Die internationalen Produzenten aus inzwischen durchaus arrivierten Weinregionen wie Australien und Kalifornien, Chile und Südafrika, aber auch die wirklich »neuen« Weinländer wie China, Indien und Uruguay produzieren Schaumweine, die von trockenen, hochqualitativen Champagner-Alternativen bis hin zu revolutionär-verrückten Verspieltheiten keine Wünsche offenlassen. Weinfreunden und natürlich auch Cigarrenliebhabern sind keine Grenzen gesetzt, die sich daraus ergebenden Möglichkeiten auszuprobieren.

Der Nord-Ostsee-Kanal und die Sektsteuer

Deutschland ist das letzte Land in Europa, in dem eine eigens für Schaumwein abzurechnende Steuer zu entrichten ist ... und das – mit einer kurzen Unterbrechung von 1933 bis 1939 – seit mehr als hundert Jahren.

Es ist allgemein bekannt: Steuern, sind sie erst einmal eingeführt, werden nur sehr zögerlich abgeschafft. Dafür gibt es – leider – genügend Beispiele. Die Sektsteuer, offiziell »Schaumweinsteuer« geheißen, ist allerdings, neben der Vergnügungssteuer, doch ein ganz besonders ärgerlicher Aufschlag.

Im Jahre 1902 von Kaiser Wilhelm II. als versteckte Kriegssteuer eingeführt, diente sie vor allem zur Umsetzung eines seiner sehr ehrgeizigen Projekte: Da die nach ihm benannte, 1895 eröffnete, knapp 99 Kilometer lange Wasserstraße (die 1948 umgetauft wurde) nicht für Großkampfschiffe geeignet war, musste besagter Kanal zwischen Nord- und Ostsee ausgebaut werden, verschlang zudem in der Unterhaltung deutlich mehr Geld als geplant – schließlich musste die Wasserstraße schiffbar gehalten werden. Wenn also heute beispielsweise auf der ›Queen Mary 2‹ oder der ›Norwegian Dream‹, der ›MS Deutschland‹ oder der ›Aida‹ die Gläser klingen, während man zwischen Kiel und Brunsbüttel dahinschippert, beansprucht der Fiskus – wie überall in Deutschland – einen mächtigen Schluck für sich.

Als wirtschaftsbelebende Maßnahme 1933 abgeschafft, wurde die Schaumweinsteuer dann allerdings schon sechs Jahre später als Beitrag zur Deckung der immensen Kosten für die Aufrüstung unter dem NS-Regime wieder eingeführt – und besteht bis heute.

Im Gesetzestext heißt es unter anderem: »Zusammengefasst sind dies Schaumweine in Flaschen mit Schaumweinstopfen, der durch eine besondere Haltevorrichtung befestigt ist, oder die bei plus 20 Grad Celsius einen auf gelöstes Kohlendioxid zurückzuführenden Überdruck von 3 bar oder mehr ...«

Wer also einen Wein mit Überdruck von weniger als 3 bar mit einer besonderen Haltevorrichtung verschließt, muss ebenfalls Schaumweinsteuer entrichten, auch wenn Stillwein in der Flasche sein sollte. Womit wir dann – theoretisch – bei einer »Haltevorrichtungsteuer« wären ...

*

Übrigens: Allein im Jahre 2005 betrugen die Einnahmen des Fiskus aus der Schaumweinsteuer rund 400 Millionen Euro.

Schaumweine & Cigarren:
Die Top-5-Kombinationen

2005 Ebernburger Köhler Köpfchen, Riesling Brut. Weingut Rapp, Nahe, Deutschland
&
Avo Preludio XO Trio. Dominikanische Republik

Klassische Flaschengärung. Für diesen trockenen Winzersekt par excellence sind ausschließlich Trauben aus einer ›Riesling‹-Einzellage verwendet worden. Frische, helle Früchte und eine raffinierte Säure umgarnen die nicht übermächtige, schlanke Dominikanerin mit den typischen Tabakaromen und dem langen, doch recht maskulinen Nachhall. Reine Sommerkombination für Freunde eindeutiger Aromen und knackiger Schaumweine.

Prosecco Spumante Extra Dry. Macchiato, Mezzolombardo, Italien
&
Zino Classic N° 1. Dominikanische Republik

Blumige Frische und eine minimal spürbare Restsüße machen diesen ›Prosecco‹ nicht nur zum Freund von leichten Vorspeisen, sondern auch zum hervorragenden Cigarrenbegleiter – sofern man ihn nicht mit Kraft erschlägt. Dafür sind Würze und, später, leichte Schärfe spürbar präsent – ideal für die ›Zino Classic No.1‹. Die beiden verstehen sich nicht nur, sondern führen einen amüsanten Dialog über die gesamte Rauchdauer.

◆ 3 ◆

MASDORO VINO FRIZZANTE.
MARZEMINO DELLE VENEZIE, ITALIEN
&
DUNHILL SIGNED RANGE CHURCHILL.
DOMINIKANISCHE REPUBLIK

Tiefe rote Frucht, angenehme satte Restsüße und eine stabile, aber nicht übermächtige Kohlensäurestruktur machen diesen Überraschungskandidaten zum Cigarrenbegleiter nicht nur für kurze Zeitfenster, sondern auch für ausgewachsene Cigarrenformate. Dabei bringt die Notwendigkeit, den ›Masdoro‹ kalt zu trinken, die erforderliche Erfrischung ins Spiel. Die ›Churchill‹ mit dem großen Namen und dem wilden, ausdrucksstarken Aromenspektrum und der rote Perlwein sind ein Paar, das einen stürmischen Herbstabend ebenso gut begleitet wie eine laue Sommernacht.

◆ 2 ◆

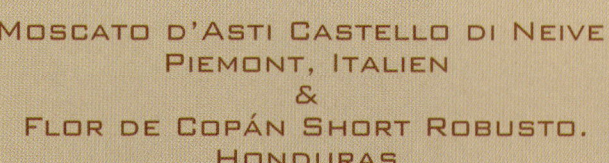

MOSCATO D'ASTI CASTELLO DI NEIVE.
PIEMONT, ITALIEN
&
FLOR DE COPÁN SHORT ROBUSTO.
HONDURAS

Honigsüße und frische Eleganz paaren sich bei diesem Piemonteser Klassiker zu einer raffinierten Kombination, die eine ganze Menge Cigarren begleiten könnte. Allerdings passt gerade das kurze, intensive Zeitfenster der ›Robusto‹ mit der knackigen Würze und dem weichen Rauch sehr gut zum Perlwein mit dem fast unauffälligen Alkoholgehalt von nur 5 Volumprozent. Verspielte Frühsommervariante, die man sich schmecken lassen sollte.

2004 Pinot Sekt Brut. Weingut Münzberg, Pfalz, Deutschland & Davidoff N° 2. Dominikanische Republik

Auf dem ›Weingut Münzberg‹ im Süden der Pfalz sieht man diesen Sekt aus hundert Prozent ›Pinot Noir‹ in der Tradition eines großen Champagners. Daher die Rebsorte und die Flaschengärung mit Hilfe von Champagner-Hefe. Das Ergebnis ist ein hinreißender Rosé-Schaumwein in feinem Lachsrosa mit schlankem Körper und wenig Restsüße. Dieser Sekt verträgt sich bei weitem nicht mit allen Cigarren, weil er besonders solche mit feinem, elegantem Rauch bevorzugt. Den bietet die Vorzeige-Cigarre aus dem Hause ›Davidoff‹ mit dem schlanken Ringmaß und dem verspielten Zöpfchen.

SÜSSWEIN

Sich einfach einmal gehenlassen ...

*»When I'm down here
On my knees
And sweet
Sweet
Sweet surrender
Is all that I have to give«*

Von dem Bekenntnis der kanadischen Musikerin, Sängerin und Songschreiberin Sarah McLachlan einmal abgesehen: Warum muss man Menschen eigentlich zu ihrem Glück zwingen? Weil man sie liebt, sie zumindest gern hat, sie wenigstens akzeptiert. Aber wo liegt das Geheimnis begraben, wenn es darum geht, bewährte Empfehlungshaltungen immer wieder gebetsmühlenartig aufsagen zu müssen, bis derjenige, der ganz persönlich davon profitiert, zum ersten Mal begreift, dass ihm ein kleiner Sinneswandel seinerseits sensorische Fenster öffnen kann, die bis dato geschlossen gewesen sind oder ihm mit zugezogenen Vorhängen ein eindeutiges Geschmacksbild vorenthalten haben? Statt einer vielschichtigen Antwort eine weitere Frage: Warum redet man bestimmten »Geschmackskatastrophen« nach wie vor unreflektiert das Wort? Zu besagten Katastrophen zählen – bis auf ernsthaft beschriebene Ausnahmen und andere Glücksfälle – Rotwein und Käse, Hummer und junger ›Riesling‹ und ... trockene Weine und Cigarren.

Mehr Mut zur Süße! Hat man sich mühsam, zumindest was den Weißwein angeht, von den süßen Tafelweinen und lieblichen »Schorleknechten« der späten 1970er und der 1980er Jahre nur erholt, um dann anschließend der »Trockenmanie« zu verfallen, deren Weine teilweise so wenig Restsüße enthalten, dass es schwer ist, den Wein überhaupt zu schmecken?

Zugegeben, im Bereich zwischen schnellem, unkompliziertem Genuss und gehobener Gastronomie ist jede Menge Freiraum für raffiniert gemachte trockene Weine. Im Rotwein-Bereich sind trockene Kandidaten bei Tisch und im Gespräch, als Sammlerware und Wertanlage sicherlich kaum zu übertreffen, aber wenn es darum geht, würzige, männlich-aromatische Cigarren zu begleiten, möchte man sich bitte auch einmal in milde Süße ergeben – und genießen.

DER SÜSSWEIN – DAS UNBEKANNTE WESEN?

Um sich dem Thema »Süßwein« ausgiebig widmen zu können, seien als erstes die klassischen Vorurteile ins Visier genommen und ausgeräumt …

• *Süßwein gleich Dessertwein.* Als ob das schlimm wäre … Es ist sicher: Weder bei Gänseleber noch bei ›Stilton‹, noch bei einer gereiften ›Partagás‹ handelt es sich um Süßspeisen.

• *Süßweine enthalten Zucker.* Es ist in fast allen Weinanbaugebieten verboten, Zucker nach der Gärung zuzufügen. Süßweine enthalten also nur reinen Fruchtzucker, der wunderbar Säure, Mineralität und Aromen unterstützt. Für sehr einfache Weine werden Mostkonzentrate zur Nachsüßung verwendet. Man kann diese Weine in der Regel umgehen, wenn man bereit ist, mehr Geld für den Wein pro Flache als für das Brot pro Laib auszugeben.

• *Süßweine machen einen »dicken Kopf.* Je nach Alkoholgehalt macht ein süßer Wein nicht betrunkener, führt auch nicht zu einem stärkeren »Kater« als ein trockener beziehungsweise als jeder andere Wein auch. Trinkt man immer genauso viel Wasser wie Wein, bekommt man von keinem Wein Kopfschmerzen – und wenn doch, empfiehlt es sich, nicht nur den Wein, sondern gleich den Erzeuger und den Weinhändler zu wechseln.

• *Süßwein ist ein reines Frauengetränk.* Das ist zunächst einmal eine Definitionsfrage, ist außerdem keinesfalls zutreffend, weil nicht nur das

Autorenpaar, sondern auch weltweit alle ausgezeichneten männlichen sowie weiblichen Sommeliers Süßweine sehr schätzen.

• *Süßweine sind billige Weine.* Viele Süßweine bieten nicht nur ein Höchstmaß an Sensorik, sondern werden auch im Hinblick auf ihre komplexen Herstellungsweisen deutlich unterschätzt, auch preislich.

Gute Süßweine herzustellen ist in der Tat nicht mit links zu bewerkstelligen und erfordert mehr sensorische Sicherheit und Feingefühl, Geschick und Mut auf der Seite der Winzer und Produzenten als weitläufig vermutet.

Süsse Wunderwelt

Auch wenn die verschiedenen Weingesetze weltweit den Überblick nicht einfacher, sondern eher unübersichtlicher machen, lassen sich alles in allem fünf Herstellungsarten darlegen, welche die Wunderwelt der großen süßen Weine umreißen.

Spät- und Auslesen

Großes deutsches Kino! Spätlesen und Auslesen sind durch das deutsche Weingesetz festgelegte Qualitätsstufen und richten sich nach dem Mostgewicht der Trauben bei der Lese. Während sich Spätlesen für trockene Weine wie auch für den restsüßen Ausbau eignen, kommen Auslesen zumeist süß auf die Flasche, um einen zu hohen Alkoholgehalt zu vermeiden. Vor allem ›Rieslinge‹ sind, wenn sie knackig-kalt im Glas auftreten, sehr häufig hinreißend lebendig und betörend, warten mit einer raffinierten Säure und einer spürbaren Mineralität auf, und sie schmecken sowohl jung als auch gereift, lassen sich einerseits solitär genießen, vertragen sich andererseits hervorragend mit Cigarren.

Andere weiße Rebsorten liefern ebenfalls gute Ergebnisse, und auch im roten Bereich bringen deutsche ›Spätburgunder‹ tolle Spät- und Auslesen hervor. Zu feinen Cigarren erfrischt die Leichtigkeit, während die Süße hervorragend begleitet. Freilich besteht gerade bei jungen, restsüßen Spätlesen noch die Gefahr, dass zu viel Säure im Wein bei relativ milden Cigarren einen metallischen Geschmack entstehen lässt. Gleichwohl kooperieren die weitaus meisten Spät- und Auslesen wunderbar mit Cigarren.

Weine mit Edelfäule

Botrytis cinerea heißt der Besen des Zauberlehrlings, den, je nach Jahrgang, Weingarten und Vegetationsverlauf, der erste Winzer herbeisehnt, der zweite hingegen verflucht. Sind die Trauben und der ganze herbstlich-restliche Rebbestand erst einmal befallen, ist das Wunder geschehen. Der Schimmelpilz entzieht der einzelnen Beere alles, wohl zu verschiedenen Anteilen. Ein Drittel Zucker und den überwiegenden Anteil an Flüssigkeit kann sie kaum verkraften, würde nicht die Edelfäule fast die gesamte Fruchtsäure reduzieren und somit für eine (wenn auch äußerst unappetitlich aussehende) perfekte Traube für die Süßwein-Bereitung sorgen.

Vergoren bringt edelfaules Lesegut die teuersten Weine der Welt hervor, so zum Beispiel die großen ›Sauternes‹, allen voran solche des ›Château d'Yquem‹ mit dem einzigen weißen ›1er Grand Cru‹ des gesamten Bordelais, die hinreißenden ›Riesling‹-Beerenauslesen von der Mosel und die nicht minder guten Trockenbeerenauslesen aus dem Rheingau, nicht zu vergessen die ungarischen ›Tokajer‹ sowie zahlreiche Süßweine aus dem österreichischen Burgenland, hauptsächlich aus der Region um den Neusiedler See.

Je nach Cigarren und Weinen (deren Flaschenpreise teilweise exorbitant teuer sind) geben sich wahre Traumpaare ein Stelldichein. Wie gesagt: Einfach einmal gehenlassen …

Strohwein und Wein aus rosinierten Trauben
Die Trauben werden auf Stroh- oder Schilfmatten getrocknet oder hängen so lange an der Rebe, bis ihr die herbstliche Umwelt das Wasser entzieht und so der Fruchtzuckergehalt im Vergleich zur Flüssigkeit enorm ist. Es entstehen Weine mit meist wenig Alkohol und tiefer Honigsüße.

Oft fehlt diesen Weinen die lebendige (Frucht-)Säure, weshalb sie eher zu einem bouquetreichen oder saftig-süßen Auftritt neigen. Typische Vertreter sind ›Vin de Paille‹, ›Strohwein‹, ›Recioto‹ und der bekannte italienische ›Vin Santo‹, ebenfalls der ›Amarone‹, obwohl er trocken, rot und hochprozentig ist.

Ob aber nun weiß oder rot – diese Weine sind sogar dann, wenn sie, sensorisch wahrnehmbar, trocken ausgebaut sein sollten, etwa im Falle eines ›Amarone‹, innerlich so süß, dass sie fast alle Cigarren begleiten können. Allerdings: Je mehr Alkohol im Spiel ist, umso mehr Vorsicht ist geboten, und je süßer sich der Kandidat präsentiert, umso mehr kann die begleitende Cigarre »ausschlagen«.

Eisweine
Wein aus gefrorenen Beeren, deren Wassermoleküle kristallin gebunden sind und die dementsprechend bei der Pressung nur den reinen Mostextrakt freigeben, ist eine Spezialität der nördlichen und klimatisch gemäßigten Weinanbaugebiete. Das Lesegut sollte nicht von Edelfäule angegriffen sein.

Wenn die Zeit gekommen ist, in der das Thermometer nachts überraschend unter minus 7 Grad Celsius sinkt, sollte man weit weg von jedwedem Weingut leben, dessen Besitzer das Risiko eingeht, Eiswein zu produzieren. Dann werden alle Verwandten, Freunde und Nachbarn in die

Pflicht genommen, und es geht hinaus in die Weingärten, um in dickster Winterbekleidung mit wollenen Handschuhen, welche die Finger frei lassen, die letzten Beeren des Jahrgangs zu lesen und so schnell wie möglich, das heißt im gefrorenen Zustand, in die Keller zur Weinbereitung zu bringen.

Das Risiko, auf Frost und somit auf Beeren zu warten, die einen Eiswein garantieren, liegt zum einen darin, dass der Winzer das Traubengut aufspart, ohne zu wissen, ob die Beeren nicht schon längst verrottet oder zu Vogelfutter geworden sind, bis es endlich kalt genug geworden ist, zum anderen, dass der Winter einfach zu mild für einen Eiswein-Jahrgang ist. Dieses Risiko, die schwere Arbeit und die minimalen Erträge machen klar, warum Eiswein zu den teuersten Weinen der Welt zählt. ›Rieslinge‹ von Saar und Mosel, aus dem Rheingau und der Pfalz, ›Grüne Veltliner‹ aus Österreich und immer mehr kanadische Eisweine – deren Produktion bedeutend einfacher ist und die dementsprechend preislich günstiger ausfallen – sind aufgrund des niedrigen Alkoholgehalts, der aufreizenden Süße und der äußerst feinen Säurestruktur sehr gute Cigarrenbegleiter. Die oft tiefgoldene Farbe signalisiert dabei: Nicht nur milde Cigarren, sondern auch würzige Exemplare können in dieser Gesellschaft hervorragend zur Geltung kommen.

Aufgespritete Süßweine
›Vin doux naturel‹. Dieser französische Begriff aus der Weinwelt mutet wie ein Paradoxon an. Was soll an einem aufgespriteten Wein denn so natürlich sein, dass jener Umstand im Namen hervorgehoben wird? Die Antwort ist einfach: Die Süße.

Gibt man einem Wein, der sich mitten im Gärprozess befindet, reinen Alkohol, sprich Branntwein, hinzu, wird automatisch die Gärung gestoppt – und der noch nicht vergorene Fruchtzucker bleibt im Wein als natürliche Süße erhalten. Gleichzeitig erhält man einen Wein mit sehr hohem Alkoholgehalt, der satte 20 Volumprozent und mehr beträgt. Auf diese Weise werden die großen süßen Weine erzeugt: ›Sherry‹, ›Portwein‹, ›Madeira‹, ›Malaga‹ sowie der griechische ›Samos‹.

Besonders zu erwähnen sind auch die südfranzösischen Weine ›Banyuls‹, ›Maury‹ und ›Rivesaltes‹, die in weißen und roten Varianten hergestellt werden und nicht nur preislich, sondern auch sensorisch hochinteressant sind: weil sie durch ihre stabile Süße sehr gut zu Cigarren jeglicher Couleur passen, weil sie darüber hinaus weitere Begleiter wie Schokolade, Kaffee und Desserts zulassen – und weil sie in klassischen »Cigarrensituationen« abends und nach dem Essen einen hervorragenden Platz einnehmen.

Der Glykolskandal: Von der Katastrophe zur Katharsis

Die »Erbsünde« nennt man in Österreich jenen Skandal, der vor über zwei Dekaden das Land und die gesamte Weinindustrie zwischen Neusiedler See und dem Weinviertel erschütterte, und so fällt noch heute das Wort »Glykol« spätestens im dritten Satz, wenn es im ersten um österreichischen Wein gegangen ist. Eine nicht zu vergebende Sünde also, eingebrannt in die Seele der Winzer und ins Gedächtnis der Verbraucher? Was war geschehen?

Im Jahre 1985 kam es zu ersten Verhaftungen, nachdem ein österreichischer Winzer – auf ihn folgten weitere und später auch verschiedene deutsche Weinerzeuger – seine Weine nachweislich mit Diethylenglykol angereichert hatte. Dieses Frostschutzmittel machte die Weine süßer und durch seinen ätherisch-frischen Charakter auch sehr lebendig und aromatisch. Weil in Österreich der Wein nur auf nachträgliche Zuckeranreicherung kontrolliert wurde (was in diesem Fall ja nicht gegeben war), blieb jene »Veredelung« einige Zeit unentdeckt. Zwar kann Diethylenglykol einen gesunden Menschen kaum schädigen, wohl aber treten bei der Weiterverarbeitung zu Weinbrand toxische Werte auf. Am Ende wurden zwei Winzer zu Haftstrafen verurteilt, entschied sich eine Person gar für den Freitod – und die österreichische Weinindustrie kam zum Erliegen: Millionen Liter Wein, ob gepanscht, ob nicht gepanscht, wurden vernichtet, zahlreiche Existenzen waren bedroht. Nebenbei sank auf Drittmärkten sogar vorübergehend der Absatz australischer Weine, da der Unterschied zwischen »Austria« und »Australia« nicht jedem Verbraucher sofort ins Auge fiel.

Rund zwanzig Jahre später, nachdem ein neues Qualitäts- und Kontrollsystem in Österreich Einzug gehalten hat, ein kompletter Generationswechsel erfolgt ist und die Chance eines Neuanfangs nach der so schmerzhaften Stunde Null genutzt worden ist, sind österreichische Weine auf weiten Strecken wieder Weltspitze, sind in Gastronomie und Handel gefragt wie nie und räumen internationale Preise en masse ab. Zu Recht strotzen die Winzer vom Neusiedler See und anderswo wieder vor Selbstbewusstsein – indes: Wenn das Gespräch auf die »Erbsünde« fällt, verdunkelt sich auch heute noch die eine und andere Miene.

*

Übrigens: In jeder Branche agieren Personen, denen eine gewisse kriminelle Energie eigen ist. Zumeist zahlt sich das, langfristig betrachtet, nicht aus, und oft ist es die Gier, mit der sich die Übeltäter irgendwann selbst eine Falle stellen. Der Winzer, der zuerst beim Glykolpanschen ertappt worden war, hatte versucht, unüblich hohe Mengen an Diethylenglykol steuerlich geltend zu machen …

Süssweine & Cigarren: Die Top-5-Kombinationen

2003 Château Le Thibault, Monbazillac, Frankreich
&
Fuente Forbidden Tres 2005 Robusto, Arturo Fuente, Dominikanische Republik

Die süßen, lebendigen und frisch zu trinkenden Weine aus Monbazillac im Département Dordogne empfehlen sich für eine Cigarre als gute Pendants. Ein vernünftiger Alkoholgehalt ermöglicht es, auch zwei oder drei Gläser zu genießen. Der ›2003er Château Le Thibault‹ ist frei von Botrytis-Aromen, dennoch honigsüß und hat ein elegantes Säurespiel, das die kräftige, aber nicht übermächtige Cigarre wunderbar begleitet. Deren männliche Aromen und eindeutige Würzigkeit werden von diesem süßen Wein umarmt und geherzt.

2005 Banyuls Rimage, Cornet & Cie, Languedoc-Roussillon, Frankreich
&
Flor de Selva El Galan, Honduras

Ein ›Vin doux naturel‹ vom Allerfeinsten. Es gibt in der Tat viel wuchtigere Kandidaten, aber dennoch ist die für diese Weine typische dunkle, schokoladige Frucht vorhanden und sind die tiefen Beerenaromen sehr präsent. Die wunderbar eingebundenen Tannine und die zurückhaltenden 16 Volumprozent Alkohol schmeicheln fast jeder Cigarre, besonders aber dieser ›Flor de Selva‹ im interessanten ›Perfecto‹-Format, die ein wenig intensiver und etwas schärfer ist als ihre Schwestern. Es entsteht ein schönes Wechselspiel zwischen hellen Tabakaromen und sattem, weichem, süßem Wein, das gerne schon nachmittags beginnen kann. Abends ist der Wein auch mit kräftigeren Cigarren gut kombinierbar.

2002 Beerenauslese Cuvée.
Kracher, Burgenland, Österreich
&
Vegas Robaina Unicos.
Kuba

Starboard Batch 88. Quady's,
Kalifornien, Vereinigte Staaten
&
Camacho Robusto Triple Maduro.
Honduras

Der größte Name in der österreichischen Süßwein-Riege räumt international regelmäßig Preise ab. Die Weine bestechen durch kompromisslose Süße und zeitlose Eleganz. Da zu zarte Cigarren bei dieser Cuvée untergehen würden, kommt eine archetypische ›Piramide‹ aus der Vega des Urgesteins Don Alejandro gerade recht. Hell und dunkel, sonnige Frucht und satte Würze spielen sich sensorisch die Bälle zu, um zwischen den Sätzen eingängig zu harmonieren und sich mit dem Rauchverlauf immer weiter zu steigern. Lang lebe die Süße!

Aufgespriteter Süßwein aus autochthonen Portweinreben in Kalifornien zu produzieren ist ähnlich abgedreht wie eine Cigarre nur aus Maduro-Blättern herzustellen. Mut muss belohnt werden, und so findet sich hier, was zusammengehört. Der ›Starboard‹ ist weicher und zugänglicher als vermutet, ähnelt einem gereiften Ruby-Port und lässt Platz für die mannigfaltigen Aromen der Cigarre. Die Süße lässt die anfängliche Trockenheit schnell vergessen und sorgt danach für eine eindrucksvolle Würzigkeit. Nicht nur optisch ein durchgestyltes Pärchen.

◆ 1

**2004 Übermut Vintage Muscat.
Thomas Hänsel und
Markus Schneider,
Pfalz, Deutschland
&
Davidoff Millennium
Blend Robusto.
Dominikanische Republik**

Der weiße Nachkömmling des großen roten Bruders verhält sich momentan noch friedlich zu Cigarrenrauch, weil er wenig Tannine hat und, kalt getrunken, eine sonnig-süße Erfrischung ist, wie man sie nur selten im Dessertweinglas findet. Dazu die etwas sattere ›Davidoff‹, die im dunklen Deckblatt und dank der männlichen Aromenpalette auch Genießer kräftiger Cigarren anspricht. Ein Gedicht. Es ist nicht entscheidend, ob draußen ein Sturm tobt oder die Sonne scheint … halt … doch … auf der Terrasse der Sylter ›Sansibar‹ ist das Rauchen noch erlaubt …

Sherry

die andalusische Sehnsucht nach Tiefe und Reife

*»Ein Essen ohne Sherry zu beginnen
ist wie ein Morgen ohne Sonnenaufgang.«*

Wie sehr der Sherry mit Andalusien verbunden ist, ja, wie sehr er diese südliche Region Spaniens prägt, deutet schon das angeführte andalusische Sprichwort an, und die folgenden Ausführungen werden jenen Umstand noch untermauern. Beginnen wir jedoch in einer Zeit, die mehr als vier Jahrhunderte zurückliegt …

Im Spätfrühjahr des Jahres 1587 verließ der englische Freibeuter und Entdecker Sir Francis Drake mit vierundzwanzig Schiffen den Hafen der Stadt Cádiz, seinerzeit das Tor zur »Neuen Welt«, nachdem seine Mannschaften zuvor siebenunddreißig Schiffe der Spanier gekapert, versenkt und verbrannt hatten, um danach vor dem Cabo de São Vicente zu kreuzen, der äußersten Südwestspitze des europäischen Festlands, und sämtliche Schiffe aufzubringen beziehungsweise zu zerstören, die, mit Waren und Waffen beladen, bestimmt für die spanische Armada, Lissabon ansteuerten. Weit mehr als einhundert Barken und Karavellen konnten die Engländer entern, bevor sie bei den Azoren noch einen portugiesischen Viermaster, der ebenfalls Kurs auf Lissabon genommen hatte, aufbrachten und Waren von ungeheurem Wert erbeuteten. Erst danach segelte des Vizeadmirals Flotte, deren Schiffslagerräume zum Bersten gefüllt waren, gen England. Zum Prisengut gehörten unter anderem knapp dreitausend Schläuche andalusischen Sherrys, der damals in England noch nicht bekannt war, der aber, ähnlich wie Portwein, in der Folgezeit die französischen Weine an Beliebtheit übertreffen sollte.

Die Flotte des ersten britischen Weltumseglers hatte also der spanischen Armada einen mehr als empfindlichen Schlag versetzt, waren doch die Iberer in ihren Invasionsvorbereitungen, die sich gegen den Erzfeind England richteten, erheblich gestört worden. Auch der Verlust des Sherrys war immens. Aber bekanntlich hat jede Medaille zwei Seiten. So auch hier. Aus dem großen »Sherry-Schaden«, einer Niederlage

gleichzusetzen, wurde mit der Zeit so etwas wie ein »Sieg«, und so sprechen heute die Verantwortlichen der bedeutenden Bodegas im »Sherry-Dreieck« Andalusiens von der »Warenprobe von 1587« – und meinen damit, dieser Raubzug des Sir Francis Drake sei die Grundlage für die intensiven Handelsbeziehungen zwischen spanischen Produzenten und englischen Handelshäusern sowie einer Vielzahl von enormen Investitionen gewesen. Noch heute verweisen die Namen zahlreicher Sherry-Häuser auf die durchdringenden Verquickungen zwischen dem Südwesten der Iberischen Halbinsel und dem Eiland in der Nordsee, und Namen wie ›Osborne‹ und ›Sandeman‹, aber auch solche wie ›Bodegas Williams & Humbert S.A.‹ und ›González Byass‹ zeugen von der langen und intensiven Einflussnahme der Briten auf den Sherry-Handel in Andalusien.

Von der Renaissance der authentischen Wahrnehmung und den autochthonen Sherry-Trauben

Offiziell gehören alle Sherrys zu der Familie der »aufgespriteten Süß- und Südweine«, was zum einen zwar sowohl auf ihre Herstellungsmethode als auch auf Herkunft und Geschmack schließen lässt, zum anderen aber immer noch recht wenig über die Vielfalt der Produkte und die Mannigfaltigkeit der Aromen und Geschmäcker aussagt, welche diese Weine in sich tragen. Sherry wird in Andalusien und von Kennern überall auf der Welt in der Tat genossen wie Wein, als Aperitif und als Begleiter zu deftigen wie auch süßen Speisen.

Nachdem die Sherrys in Mittel- und Nordeuropa in den letzten Dekaden etwas unter einem verstaubten Image gelitten haben, stehen sie heute vor einer Renaissance. Bis vor einigen Jahren in der Gastronomie als schwacher Umsatzträger vernachlässigt und in privaten Haushalten durch schlichte »Tantchen-Medium-Qualitäten« nicht mehr als hochwertige Produkte mit authentischem Geschmack wahrgenommen, tauchen mittlerweile immer mehr Premium-Sherrys auf den Weinkarten der guten Restaurants und in den Regalen der Fachhändler auf – und finden wieder mehr und mehr Genießer, welche diese Weine schätzen und kaufen.

Die ›Denominación de Origen‹ mit Namen ›Jerez/Xérèz/Sherry y Manzanilla de Sanlúcar Barrameda‹ ist wohl das Anbaugebiet, das mit der wahrscheinlich längsten Namensbezeichnung weltweit aufwartet, und das einzige, das dreisprachig gehalten ist. Dieses Gebiet bildet ein Dreieck zwischen den Städten Puerto de Santa María, Jerez de le Frontera und Sanlúcar de Barrameda. Deshalb spricht man auch gerne vom »Sherry-Dreieck«. Hier werden auf rund zehntausend Hektar die Weintrauben für die Sherry-Produktion angebaut. Nur aufgespritete Weine aus dieser Region dürfen sich heute »Sherry« nennen, während früher auch weitere Produkte unter diesem Namen vermarktet wurden – solche aus anderen Gebieten Spaniens, aus Italien und sogar aus Zypern.

Wie alle Weine erfährt auch Sherry seine geschmackliche Entwicklung in der Traube, aus dem Boden und durch die Vorgehensweisen, die sich am besten unter dem Begriff »Kellertechnik« zusammenfassen lassen. Gerade diese Arbeit in den Bodegas macht den Sherry unverwechselbar.

Doch schon die verwendeten Traubensorten sind recht speziell. Zu über 90 Prozent wird zur Sherry-Bereitung die sonst unter dem Namen ›Listán‹ verbreitete Traube ›Palomino Fino‹ verwendet, eine Traube, die so wenig Säure hat, dass sie auch als Tafeltraube dienen könnte – und eine Traube, die zu enorm hohen Erträgen neigt. Nicht unbedingt die Voraussetzung für hochqualitative Weine – und doch genau die richtige Rebsorte für Sherry …

Der restliche Rebbestand entfällt zu fast gleichen Teilen auf den allgemein bekannten ›Moscatel‹ sowie auf eine geheimnisvolle Traube, um die sich einige schöne Geschichten ranken: ›Pedro Ximénez‹ – von denen, die ihr verfallen sind, geradezu liebevoll auf das Kürzel »P.X.« reduziert.

Die Sage von der ›Pedro Ximénez‹-Traube

Ein Pfälzer Söldner mit dem Namen Peter Siemens, der im Dreißigjährigen Krieg auf Seiten der Österreicher gegen die Schweden gekämpft hatte, war des Kämpfens und des ganzen Elends überdrüssig und setzte sich von der Truppe ab. Der Fahnenflüchtige wanderte über die Alpen, durch Italien und Frankreich, bis er endlich, am Ende seiner Kräfte, nach Spanien kam. Er hatte nur noch seine Kleider am Leib und ein kleines Bündel; also lebte er von der Großzügigkeit der Menschen, die er auf seinem Weg traf. Doch in seinem Bündel trug er etwas mit sich, das zwar wertlos war, das für ihn aber die letzte Erinnerung an seine weit entfernte Heimat bedeutete: einen Krumen Pfälzer Erde und eine junge ›Riesling‹-Pflanze.

Sein Weg führte ihn weiter an der Küste entlang, bis er schließlich nach Andalusien kam, wo er die Liebe und somit auch eine neue Heimat fand. Hier pflanzte er die junge Rebe ein, die bei dem guten Wetter und dank seiner regen Pflege wuchs und gedieh; so wurde der ehemalige Soldat zum Weinbauer. Alle Leute in der Umgebung liebten seinen Wein wegen der schönen Süße und der erfrischenden Säure – Eigenschaften, die von den heimischen Weinen nicht bekannt waren. Da der ehemalige Deserteur ein guter Mensch war, gab er die Rebe weiter an seine Nachbarn und Berufsgenossen, und in vielen Weinkellern und Bodegas wurde aus den geernteten Trauben Wein erzeugt; auch verbesserte man die heimischen Erzeugnisse durch Zugabe des neuen Weins. Jeder benannte diesen Wein nach dem Menschen, der ihn ins Land gebracht hatte: »Pedro Ximénez«, denn so sprechen Südspanier den Namen Peter Siemens bis heute aus.

›Pedro Ximénez‹ – oder abgekürzt ›P.X.‹ – wird wie ehedem immer noch von den Andalusiern gerne getrunken, insbesondere dann, wenn die Menufolge auf den Nachtisch zugeht. Dann wird laut singend skandiert: »Pedro Ximénez, Pedro Ximénez!«

*

Übrigens: Rebsortenkundliche Untersuchungen haben inzwischen ergeben, dass der ›P.X.‹ gar nicht mit dem ›Riesling‹ verwandt, sondern eine eigenständige Rebsorte ist. Die Geschichte ist aber zu schön, um sie nicht weiterzuerzählen …

Weisse Böden und ein einzigartiger Reifezyklus

Der karge, aber recht mineralische Boden Andalusiens besteht zum größten Teil aus Kalk, Sand und Ton. Weil das so ist, speichert er eine Menge Flüssigkeit, die er im Sommer über die lange, heiße Wachstumsphase der Reben abgeben kann. Die Albariza – so der Name des strahlend weißen Bodens – ist besonders geeignet für junge Sherrys, während er den ›Finos‹ und den ›Manzanillas‹ Frische und Eleganz verleiht.

Nicht nur die Region und die Reben, der Boden und das Klima prägen die Einzigartigkeit eines Sherrys, sondern auch die Art und Weise, wie er hergestellt wird, ist nirgendwo sonst auf dieser Welt anzutreffen. Denn nicht so sehr die eigentliche Weinbereitung ist bemerkenswert, wohl aber der spätere Reifeprozess, gilt doch der Begriff hierfür nahezu als Synonym für den Sherry: die Solera beziehungsweise das Solera-System. Sherry reift nämlich in einem ausgeklügelten System von übereinander gestapelten Fassreihen. Der Name leitet sich ab von der untersten Reihe, in welcher der reifste Wein lagert, bevor er schließlich auf Flaschen gezogen wird. Diese Fassreihe bezieht sich auf das spanische Wort »suelo«, und das heißt so viel wie »Erdboden«.

Soleras sind in der Regel fünf bis sieben Fassreihen hoch, wobei eine Reihe vielsagend, zugleich aber auch treffend »criadera«, »Kinderstube«, genannt wird. Der Reifeprozess selbst verläuft nach strengen Regeln, unterbrochen durch viele Verkostungen. So wird der junge Wein nach der ersten Verkostung in verschiedene Gruppen aufgeteilt, wobei man schon hier unterscheidet, ob man es später mit einem schlanken ›Fino‹ oder einem körperreichen ›Oloroso‹ zu tun haben wird. Eine weitere Gruppe stellen jene Weine dar, die nach einiger Zeit noch einmal nachverkostet werden, während es sich bei der vierten und letzten Gruppe um qualitativ minderwertige Weine handelt, die später destilliert oder zur Essiggewinnung verwendet werden.

Ist der Wein selektiert, kommt er in die oberste Fassreihe, wobei man das Fass immer nur zu gut zwei Dritteln füllt. Nach einigen Wochen wird den einzelnen Fässern ein Drittel entnommen und in die Behältnisse der nächsten, darunter liegenden Reihe gefüllt, der natürlich zuvor auch ein Teil entnommen worden ist. Da sich jenes Procedere bis zur untersten Fassreihe fortsetzt, vermischen sich auf diese Weise die alten Jahrgänge mit den neuen, gehen die verschiedenen Aromen aus den älteren Weinen auf die jüngeren über.

Wenn nach mindestens drei Jahren, die ein leichter ›Fino‹ reifen muss – ›Amontillados‹ und ›Olorosos‹ dürfen sich bis zu fünfzehn Jahre und länger entwickeln –, der Wein aus der »Suelo«-Reihe abgefüllt wird, hat er nicht nur einen Geschmack entwickelt, der denjenigen Sherrys vergleichbar ist, die in dem betreffenden Keller schon vor vielen Jahrzehnten abgefüllt worden sind, sondern er spiegelt auch den typischen Stil der verschiedenen Bodegas und der jeweiligen Marken wider. Einer der hierfür verantwortlichen Gründe: Die einzelnen Fässer bleiben oft bis zu hundertdreißig Jahre in Gebrauch, werden zudem einzeln ersetzt, wodurch natürlich die Qualitätsbalance des gesamten Bestands gewährleistet ist.

Sherry ist nicht gleich Sherry

Die Sherry-Familie besteht im Großen und Ganzen aus fünf verschiedenen »Brüdern«, die, natürlich, miteinander verwandt sind, die sich aber alle sehr individuell darstellen, geprägt durch Rebsorte, Herstellung, Lagerung, Region

und letztendlich ihren ganz eigenen Geschmack. Diese »Brüder« heißen ›Fino‹, ›Manzanilla‹, ›Amontillado‹, ›Palo Cortado‹ und ›Oloroso‹. Zu ihnen gesellen sich ihre artverwandten »Cousins«: der ›Moscatel‹ und der ›Pedro Ximénez‹.

›Fino‹ und ›Manzanilla‹, die jüngsten im Bunde, unterscheiden sich vornehmlich durch ihre Herkunft: Kommt der ›Fino‹ aus Jerez de la Frontera, so stammt der ›Manzanilla‹ aus Sanlúcar de Barrameda. Beide sind – natürlich – aufgespritet, allerdings auf moderate 15 bis 15,5 Volumprozent Alkohol. Danach gelangen die Jungweine in den Holzfässern zur Reifung, wobei die Fässer nur zu etwa 80 Prozent gefüllt werden. Der niedrige Alkoholgehalt lässt zu, was immer noch als »andalusisches Wunder« bezeichnet wird, kellertechnisch gesehen indes gewollt und ganz natürlich ist: das Wachsen einer Florschicht auf der Oberfläche des Sherrys. Unter dieser Schicht, die den Sherry gänzlich bedeckt, reifen ›Fino‹ und ›Manzanilla‹ ohne Einfluss von Sauerstoff, was sie frisch und knackig erhält. Ihre Farbe ist meist ein strahlendes Hellgold, wobei besonders der ›Manzanilla‹ mit einer salzigen, feinbitteren Note gesegnet ist, herbeigeführt von der Luft der am Atlantik liegenden Stadt Sanlúcar de Barrameda.

Diese beiden Sherry-Typen sind weniger lagerfähig als ihre Verwandten, und eine geöffnete Flasche sollte so schnell wie möglich ausgetrunken werden. Sie eignen sich besonders als Aperitifs oder als Begleiter zu Meeresfrüchten. Übrigens ist es angeraten, in Spanien beim Bestellen eines ›Manzanillas‹ zu betonen, dass es sich bei dem gewünschten Getränk um einen Wein oder Sherry handeln soll, denn »Manzanilla« heißt wörtlich »Kamillentee«, und es soll schon so manchem Touristen nach seiner Bestellung eine Tasse Tee serviert worden sein.

Zu Cigarren fehlt beiden Typen ein wenig die Süße, und sie sind auch nicht besonders gut in cigarrentypischen Situationen zu servieren, jedoch spricht nichts dagegen, eine kleine, eher leichte, zartwürzige Cigarre am Vormittag zu einem leicht gekühlten ›Fino‹ zu genießen – schließlich wird in Andalusien ab ungefähr elf Uhr vormittags Sherry getrunken …

Der ›Amontillado‹, ein Sherry »nach Art von Montilla«, einem Ort im Osten des Sherry-Dreiecks, reift anfangs wie ein ›Fino‹ unter einer Florschicht, die aber entweder durch weiteres Aufspriten oder durch lange Lagerung abstirbt, sodass er unter dem Einfluss von Sauerstoff weiterreift, was ihm eine etwas dunklere Farbe als dem ›Fino‹ verleiht; sie kann ins Rotgoldene gehen, auch verschiedene Bernsteintöne annehmen, wozu sich ein nussiger Grundton gesellt. Auch ›Amontillados‹ sind, bis auf wenige Ausnahmen, grundsätzlich trocken. Sie riechen weicher und reifer als ihre nicht oxidierten Brüder und tragen das typische Sherry-Aroma, das in der Weinsprache auch als feststehender Begriff für einen oxidativen Einschlag steht.

›Amontillados‹ werden weniger vor dem Essen, sondern eher als Speisebegleiter serviert und harmonieren gut mit gebratenem Fisch sowie Fleischgerichten. Der antike Charakter dieser Sherry-Art kann, verbunden mit dem relativ hohen Alkoholgehalt, durchaus gut zu Cigarren passen, doch als ein typischer Begleiter zu feinem Rauch hat sich der ›Amontillado‹ bisher nicht gerade hervorgetan, selbst in Spanien nicht.

Die Süsse macht's

Kommen wir zum nächsten Sherry, zum ›Oloroso‹. Bevor der ›Oloroso‹ in die Solera kommt, ist er schon deutlich aufgespritet worden. Wird er schließlich in die Flaschen gefüllt, hat er einen Alkoholgehalt zwischen beachtlichen 17 und 22 Volumprozent. ›Olorosos‹ weisen eine tiefe goldene bis mahagonibraune Farbe auf und beeindrucken durch ein sehr attraktives Aroma. Somit hält der ›Oloroso‹, was sein Name verspricht, denn »olor« heißt nichts anderes als »Duft«. Den hat er meist über eine sehr lange Zeit entwickelt – schließlich werden ›Olorosos‹ mitunter mehr als hundert Jahre gelagert, und zwar nicht selten von darauf spezialisierten Handelshäusern, den ›Almacenistas‹, welche diese Schätze verwahren, pflegen und endlich mit ihnen (profitablen) Handel treiben.

Die Weine werden sowohl trocken als auch süß hergestellt, wobei zum Süßen die beiden Nebenrebsorten ›Moscatel‹ und ›P.X.‹ Verwendung finden. Die besten der süßen Varianten heißen ›Amoroso‹ und ›Oloroso Abocado‹, aber auch die günstigeren Vertreter, die unter den Namen ›Medium Dry‹, ›Cream‹ und ›Golden Cream‹ auf den Markt kommen, sind in der Regel wahre Geschmackserlebnisse. Nur die ganz einfachen Qualitäten, die teilweise mit Zuckerlösung gesüßt werden, haben wenig mit einem guten, süßen ›Oloroso‹ gemein.

Solch ein süßer Sherry ist, auch schon in einfacher Qualität, ein perfekter Cigarrenbegleiter. Die Süße schmeichelt auch kräftigen Vertretern, und der teilweise lange Nachhall kann ein ganz wunderbares Gesamtbild ergeben. Trockene ›Olorosos‹ passen ebenfalls zu Cigarren, sollten

aber mit leichten Exemplaren genossen werden. Schließlich: Je älter und spezieller der Sherry, desto mehr ist es geraten, erst den Sherry und dann die Cigarre zu versuchen, um somit beiden gerecht zu werden.

Ein weiterer interessanter Sherry verbirgt sich hinter dem Namen ›Palo Cortado‹. So wird ein Sherry bezeichnet, dessen Florschicht überraschend abstirbt. Ein ›Palo Cortado‹ ist praktisch ein Zwitter aus einem ›Amontillado‹, von dem er den nussigen Duft, und einem ›Oloroso‹, von dem er den vollen Körper hat. ›Palo Cortados‹ treten sowohl süß als auch trocken auf.

Einige dieser Sherrys sind aufgrund ihres satten Geschmacks angenehme Cigarrenbegleiter, während andere mit einem so feinen Duft daherkommen, dass es sinnvoll ist, sie nicht mit Rauchwolken zu schwängern, um somit in den Genuss ihrer zarten Aromen zu kommen. »Je süßer, desto besser« – dieser Grundsatz gilt zwar auch hier, sollte einen aber nicht davon abhalten, hin und wieder mit den verschiedensten Vertretern zu experimentieren.

Aus der Traube ›Moscatel‹ werden Sherrys hergestellt, die unter ebendiesem Namen gehandelt werden. Oft dienen sie nur zum Süßen anderer Sherrys, doch es gibt nicht wenige Bodegas, die es sich leisten, kleine Mengen reinsortig abzufüllen. Jene Sonderform erscheint im Glas wie ein ›Sauternes‹ oder ein anderer heller Süßwein, golden und schimmernd, mit großen »Kirchenfenstern« und klaren Reflexen und mit einem Geruch, der an reife Birnen und exotische Früchte erinnert. Diese Sherrys sind zuckersüß und überzeugen meist mit einer frischen Säurestruktur. Auch sie sind lange lagerfähig und passen wie ihre französischen und deutschen Pendants nicht nur zu hellen Desserts und Früchten, sondern auch zu Gänsestopfleber und Terrinen.

Wenn süßer andalusischer ›Moscatel‹ zu Cigarren getrunken wird, empfiehlt es sich, ein Glas Wasser in der Nähe zu haben, denn Süße und Würze können recht direkt aufeinanderprallen und im Mundraum präsent bleiben. Grundsätzlich verträgt sich aber ein ›Moscatel‹ mit einer Cigarre sehr gut.

Bleibt noch der ›Pedro Ximénez‹ (›P.X.‹). Er kommt oft auch aus Gebieten, die ans Sherry-Dreieck angrenzen (was seine Qualität nicht unbedingt schlechter macht). ›Pedro Ximénez‹ ist Kult in Andalusien und wird bei den meisten Sherry-Degustationen nicht nur wegen seiner tiefen Süße als letzter serviert, sondern vor allem deshalb, um einen ganz besonderen Höhepunkt für den Schluss zu reservieren. Er erscheint fast schwarz und zieht im Glas dicke Schlieren, die lange nicht vergehen. ›P.X.‹ riecht nach Rosinen und Hefe, nach Kakao und den schwarzen Fässern, in denen er reift. Nicht nur deshalb ist er ein perfekter Begleiter zu sattem Gebäck, etwa zu Christstollen. Und zu bitterer Schokolade serviert, eröffnet ein ›Pedro Ximénez‹ dem Dessertliebhaber vollkommen neue Dimensionen.

Auch wenn der ›P.X.‹ teilweise zum Nachsüßen ganz besonderer ›Olorosos‹ verwendet wird, ist er reinsortig das Aushängeschild einer jeden Bodega. Seine Süße ist so umwerfend und präsent, dass man heutzutage viele hochwertige Spirituosen wie Brandy, Rum und Whisky in alten ›P.X.‹-Fässern nachreifen lässt, damit diese Brände von den sich über die Jahrzehnte entwickelten Aromen profitieren. Unnötig zu betonen, wie hervorragend ein ›Pedro Ximénez‹ und eine gute Cigarre zusammenpassen, wenn auch Wucht und Kraft des Sherrys schon mal mit einem Kaffee oder einem Glas Wasser kompensiert werden müssen.

Sherry und Cigarren sind kein konstruiertes Thema, auch wenn der erste Schluck eines leichten, knackigen ›Finos‹ oder eines frischen, gekühlten ›Manzanillas‹ nicht unbedingt eine kräftige Havanna nahelegt. Der Cigarrengenuss in Südspanien hat eine ebenso lange Tradition wie das Trinken des ersten Sherrys um die frühe Mittagszeit.

Schon Christoph Columbus und die Seefahrer, welche nach ihm den großen Teich überquerten, luden Tabak aus der Karibik in den Häfen Südspaniens aus, und als die Inquisition ihren über hundertjährigen Bann über das »Rauchtrinken« aufgehoben hatte, entstand in Sevilla die erste »Königliche Cigarrenmanufaktur«.

Gerade in Südspanien werden die süßen, lange lagerfähigen Sorten seit Jahrhunderten zusammen mit Cigarren genossen. Auch wenn im übrigen Europa der Sherry über lange Zeit recht stiefmütterlich behandelt worden ist, soll das nicht darüber hinwegtäuschen, dass gerade ›Medium Dry‹- und ›Cream‹-Sherrys in England ebenfalls eine lange Tradition haben. Manifestiert hat sich diese Tradition in den Geschmacksbezeichnungen, die nicht auf Spanisch, sondern auf Englisch Auskunft geben über die jeweilige Ausrichtung eines Sherrys. Darüber hinaus können die Engländer auch auf eine lange Cigarrentradition verweisen. Davon zeugen nicht zuletzt eigene Deckblattbezeichnungen wie die berühmte ›English Market Selection‹ und – noch heute stets präsent – das große Format ›Churchill‹ und die elegante Vitola ›Lonsdale‹.

All das macht deutlich: Schon immer sind Sherrys und Cigarren zusammen genossen worden. Und wenn der eine oder andere Partner heute nicht mehr ganz so »en vogue« erscheint, sollte das den Connaisseur unserer Zeit nicht davon abhalten, mehr als eine der klassischen Kombinationen zu testen.

Sherrys & Cigarren:
Die Top-5-Kombinationen

Coquinero Fino Amontillado. Osborne
&
Flor de Selva Siesta. Honduras

Weniger der reinen sensorischen Kompatibilität wegen, mehr deshalb, weil beide Produkte so genial in die Aperitif-Situation passen. Irgendwo auf der Welt ist es schließlich immer elf Uhr vormittags, oder?

Los Arcos, Amontillado Medium Dry Solera Reserva. Lustau
&
Sancho Panza Bachilleres. Kuba

Die Marke ›Sancho Panza‹ zeichnet sich durch relativ frühe reife Aromen aus, und so kann eine drei bis vier Jahre alte Cigarre ohne weiteres antik schmecken. So ein Exemplar harmoniert hinreißend mit dem nussigen, nur leicht süßen Grundton und den reifen Trockenfruchtaromen sowie der seidigen Karamellbitterkeit dieses Sherrys. Das kleine Format bestimmt das perfekte Zeitfenster. Größere Cigarren wären sicher zu anstrengend, aber so reichen die klassischen zwei Gläschen aus.

Royal Corregidor, Rich Old Oloroso. Sandeman
&
Davidoff Aniversario № 3.
Dominikanische Republik

1971 Don P.X. Gran Reserva. Bodegas Toro Albalá
&
Partagás Mille Fleurs.
Kuba

Das große Ringmaß der geschmacklich feinen, zurückhaltenden Cigarre produziert bei tollem Zug richtig viel Rauch und umspielt elegant den tiefen Duft des Sherrys, der von dunkler Marmelade und überreifen Bananen geprägt ist. Nach der Hälfte des Rauchverlaufs harmonieren besonders schön die zarte Würze des Sherrys und die leichte Schärfe in der Zedernnote der Cigarre.

Zugegeben, preislich mag einem eine augenscheinliche Diskrepanz auffallen, und ganz genau genommen ist der aus Córdoba kommende ›Don P.X.‹ auch kein Sherry. Allerdings ist das wuchtige Zusammenspiel aus tiefer Süße, rosiniger Schwere und ewigem Nachhall mit einer sehr guten, bodenständigen kubanischen Cigarre, die eine faszinierend-ehrliche Schärfe entwickeln kann, einfach zu schön, um dieses Couplet nicht zu erwähnen. Zwischendurch mit kaltem Wasser den Gaumen erfrischen, um weiter in vollen Zügen genießen zu können …

1

Pedro Ximénez. Bodegas Rey Fernando de Castilla
&
Hemingway Selection Short Story. Arturo Fuente, Dominikanische Republik

So schwer es ist, sich festzulegen, so geht einem hier immer wieder das Herz auf. Der fast zwanzigjährige ›P.X.‹ hat sich eine unglaubliche Lebendigkeit bewahrt, die der kleinen, knackigen Cigarre, die ungefähr doppelt so lange brennt wie beim ersten Augenschein erwartet, wunderbar behagt. Der Sherry strahlt eine souveräne Ruhe aus. Rosinen, Karamell und eher helle Trockenfrüchte gehen auf die sich sehr stringent steigernde Cigarre ein. Erst eine hinreißende Vermählung, streichelt später die Süße die Schärfe einfach fort.

Portwein

Romantisch, wild und ewig süss

*»Wenn er nur könnte,
wäre jeder Wein ein Portwein.«*

Es gibt etliche Genießer rund um den Globus, welche diesem portugiesischen Sprichwort vorbehaltlos zustimmen. Dabei hätte es den Portwein in der Form, wie er heute Weintrinker und Sammler auf der ganzen Welt begeistert, beinahe gar nicht gegeben …

Eine der längsten Auseinandersetzungen der europäischen Geschichte, nämlich der Hundertjährige Krieg zwischen England und Frankreich, ist indirekt schuld daran, dass am Rio Douro, dem »Goldenen Fluss«, der von der portugiesisch-spanischen Grenze gen Westen zur Atlantikküste fließt und bei der Stadt Porto ins Meer mündet, ein Wein kreiert wurde, der Weltgeschichte geschrieben hat und weiterhin schreiben wird.

Zwar wurde schon seit dem 2. vorchristlichen Jahrhundert unter den Römern, später dann unter den Westgoten im Tal des Douro Wein angebaut und gekeltert. Doch dann, im 11. Jahrhundert, unter der moslemisch-maurischen Besatzung, verlor der Rebensaft an Bedeutung und wurde erst später wieder kultiviert.

In England hatte seit dem 12. Jahrhundert der französische Rotwein, vornehmlich aus dem Bordelais, den Geschmack und den Markt beherrscht, damals deutlich süßer als heute und vor allem in rauen Mengen verfügbar. Das sollte für viele Generationen so bleiben …

Als jedoch Ende des 17. Jahrhunderts der Handelskrieg mit den Nachbarn auf der anderen Kanalseite immer mehr zu eskalieren begann und im totalen Embargo endete, mussten sich die englischen Weinhändler eine neue Lieferantennation suchen. Entlang der europäischen Atlantikküste war zunächst nicht viel an guten Getränken zu holen – hatte man allerdings erst einmal das Kap bei La Coruña umschifft (und somit das raue Klima Nordspaniens), wurde nicht nur das Wetter angenehmer, sondern es boten sich auch bessere Geschäftsbedingungen. Allerdings war der portugiesische Wein deutlich heller und für den viel längeren Transport schlechter geeignet, als man es von den französischen Weinen gewohnt war.

Vom »einfachen« Wein zum Portwein

In der Stadt Porto fand man schließlich mehr, als man erhofft hatte: einen Wein, der tiefrot, süß und mit einem kräftigen Körper gesegnet war, dazu den Engländern nicht nur sehr gut bekam, sondern dem auch mehrere Wochen auf See nichts anhaben konnten. Das Geheimnis dieses Weins: Er war mit Branntwein angereichert, also »aufgespritet«. Außerdem wurde den damaligen Weinen eine begrenzte Menge Holundersaft zugesetzt, der sie dunkler und noch aromatischer machte. Was heute undenkbar wäre, störte damals anscheinend niemanden.

Dank der stetig steigenden Nachfrage aus Großbritannien waren wenige Dekaden später so gut wie alle portugiesischen Weine für den Export hochprozentig und sehr lagerfähig. (Trans-)Portweine eben.

Das weiter aufrechterhaltene Handelsembargo gegen Frankreich und die Unterzeichnung des »Methuen-Handelsvertrags«, der einen nahezu zollfreien Verkehr bestimmter Güter zwischen Portugal und England möglich machte, lösten einen Portwein-Boom aus, im Zuge dessen viele Unternehmen gegründet wurden, die noch heute als Portwein-Marken oder Weinhandelshäuser größtes Renommee genießen.

Das Klima und der Landstrich am Douro, an der dem Inland zugewandten Seite, hin zur Grenze nach Spanien, sind geprägt von rauer Schönheit bis zu schroffer Unzugänglichkeit. Die Hänge sind steil und überwiegend nur von Hand zu bearbeiten, der Boden hart, und wer sich durch die erste Gesteinsschicht, die hauptsächlich aus Schiefer besteht, gekämpft hat, der trifft auf (noch härteren) Granit. Die Sommer sind mit deutlich über 40 Grad Celsius unerbittlich heiß, die Winter stürmisch, und sowohl Mensch als auch Tier werden von Regen und sogar Schnee nicht verschont.

Die einzigen Lebewesen, die offenbar keine Probleme mit diesem Unbill haben, sind die Weinreben, die sich mit ihren langen Wurzeln das überlebenswichtige Wasser aus Schichten holen, die bis zu acht Meter tief liegen, und die sich auch von zu viel Nässe und Frost nicht beeindrucken lassen.

Die wichtigsten Rebsorten

Heutzutage werden moderne portugiesische Weine aus internationalen Rebsorten gewonnen. Für die traditionelle Portwein-Erzeugung sind immer noch nur die autochthonen klassischen Reben erlaubt …

Tinto Cão
Klassische Portwein-Rebe, die für lange zu lagernde Ports immer noch beliebt ist, obwohl sie langsam an Bedeutung verliert.

Tinta Barroca
Der Name trügt. Die Rebe reift früh und wird deshalb gerne an den weniger heißen Nordhängen gepflanzt. Sie bringt Süße und zugängliche Aromen in den Wein.

Touriga Franca
Bringt florale und hellere Aromen, obwohl sie als hitzebeständige Rebsorte eher an den Südhängen steht. Sie hieß früher ›Touriga Francesca‹, bis eine Klage der französischen Weinindustrie den Namenswechsel herbeiführte.

Touriga Nacional
Sie wird oft als *die* Portwein-Rebe bezeichnet, denn sie ist die hochwertigste Rebsorte, die zur Herstellung von Portwein verwendet wird. Wenig Ertrag und viel Tannin geben einem Port aus dieser Rebe eine kräftige Struktur.

Tinta Roriz
Diese Rebsorte wächst in Spanien (und inzwischen fast überall in der Weinwelt) unter dem Namen ›Tempranillo‹. Sie bringt wunderbare tanninlastige und würzige Weine hervor, braucht allerdings auch etwas fruchtbarere Böden.

Grosse Unterschiede: Portwein-Qualitäten

Weitere Reben, die in Portugal für die Portwein-Herstellung Verwendung finden, heißen ›Tinta Amarela‹, ›Sousão‹, ›Mourisco Tinto‹ und ›Cornifesto Tinto‹.

Für die weißen Portweine, die nicht minder schmackhaft sind, allerdings wohl immer im Schatten der großen roten Vorbilder stehen werden, sind hauptsächlich die Rebsorten ›Malvasia Fina‹, ›Rabigato‹, ›Codega‹ und ›Vinosinho‹ vorgesehen.

Auf vielen Quintas (Weingütern) werden die Trauben an den steilen Hängen noch von Hand gelesen, während manche Weinberge mittlerweile für Traktoren zugänglich sind. Vor allem Frauen und ältere Männer lesen die Trauben und füllen die Körbe, die dann, über einen Zentner schwer, von jungen, kräftigen Männern zum Transport in die Quinta auf (Last-)Wagen geladen werden.

Auf dem Weingut werden die Trauben noch am selben Abend zertreten und gemaischt. Auch wenn dieser Vorgang archaisch und veraltet erscheint, werden vor allem auf den Spitzenweingütern die Weine nach wie vor in über vierstündiger Arbeit auch mit Hilfe (gewaschener) Füße erzeugt. Dabei nennt sich der erste Teil der körperlichen Betätigung »corte« (schneiden), wobei die Trauben gründlich zerstampft werden. Während der restlichen zwei Stunden, der »liberdade« (Freiheit), wird in der roten Maische ausgelassen getanzt und so die Masse mit Sauerstoff versorgt, damit die Hefen ihren Dienst tun können und die Gärung in Gang setzen.

Der Saft, der entsteht, ist tiefrot, halb vergoren und voller junger Tannine. Er wird von den Schalen und Stengeln getrennt und recht schnell mit reinem Branntwein viniert (aufgespritet). Der noch nicht entwickelte – und am Gaumen noch sehr unangenehme – adstringierende Portwein ist nun fertig für seinen langen Reifeprozess.

Dieser Prozess findet bei den einfacheren Qualitäten hauptsächlich in den Holzfässern statt, in die der junge Portwein nach dem Aufspriten gefüllt wird. Gehobene Qualitäten mit Jahrgangsbezeichnung reifen lange Zeit auf der Flasche weiter und entwickeln sich teilweise über Dekaden zu ganz besonderen Raritäten.

Die einzelnen Reife- und Lagerzeiten bestimmen, zusammen mit einigen anderen Faktoren, die unterschiedlichen Portwein-Qualitäten. Als da wären …

White Port
Wird genauso hergestellt wie der rote Portwein, allerdings ist die Maischung wegen der fehlenden Farbstoffe nicht so aufwendig. Es gibt ihn in süßen und trockenen Varianten. Er kommt nach zwei bis drei Jahren im Fass auf die Flasche und ist sofort trinkreif.

Zu Cigarren passt, je nach Situation, süßer weißer Port manchmal ganz gut. Trockener White Port ist hingegen kein geeigneter Begleiter, während wiederum Longdrinks, die einfachen trockenen weißen Portwein enthalten, mit Cigarren eine akzeptable Kombination bilden können.

Ruby Port
Einfacher, aber recht körperreicher, rubinroter Portwein, der zwei bis drei Jahre im Holzfass lagert, ›Rubys‹ mit dem Vermerk »Reserve« meist länger. Er spiegelt oft genau den hauseigenen Charakter des Herstellers. Satte Cigarren mögen, gerne mit einem Stück Schokolade dazu, einfache ›Rubys‹,.

Tawny
Hellere Portweine, die oft schon nach zwei bis drei Jahren Fassreife einen deutlich oxidativen Charakter haben. Die helle Farbe rührt zumindest bei den einfachen ›Tawnys‹ daher, dass sie mit Weißwein verschnitten werden. ›Tawny‹-Portweine enthalten wenig Tannine und passen somit ausgezeichnet zu mittelkräftigen Cigarren. Besonders gut verstehen sie sich mit würzigen Kubanerinnen.

Fine (Old) Tawny (Aged Tawny)

In früherer Zeit unter dem Namen ›Dated Tawny‹ bekannt, sind diese Weine deutlich länger im Fass gereift und werden mit einer Altersangabe versehen, welche sich auf die jeweilige Reifezeit bezieht. Klassischerweise werden diese Ports in vier Stufen eingeteilt: ›10‹, ›20‹, ›30‹ beziehungsweise ›40 Years Old Tawnys‹. Durch den Ausbau im Fass unter Einfluss von Sauerstoff reifen jene Portweine auf der Flasche kaum mehr weiter. Auch diese gehobenen ›Tawny‹-Qualitäten harmonieren schön mit feinwürzigen bis würzigen Havannas.

Colheita

Relativ seltene und fast unbekannte Portwein-Sonderform eines ›Tawnys‹ mit Jahrgangsangabe. Besonders gute Weine werden jahrgangsrein mindestens sieben Jahre im Fass gelagert, bevor sie auf die Flasche kommen. Damit sie nicht mit den viel teureren ›Vintage‹-Ports verwechselt werden, muss die Fasslagerung deutlich auf dem Etikett erkennbar sein. Die teilweise antiken Reifenoten dieses Portweins und eine nicht zu kräftige Cigarre mit großem Ringmaß sind eine wunderbare Kombinationsmöglichkeit – sofern die Cigarre den feinen Aromen noch Platz lässt, zur Geltung zu kommen.

Late Bottled Vintage (LBV)

Der kleine Bruder des Jahrgangs-Ports, deutlich körperreicher als alle ›Tawnys‹, lagert erst bis zu sechs Jahre im Fass, bevor er, mit Jahrgang und Abfülldatum auf dem Etikett, abgefüllt wird. Er ist sofort trinkreif, hält sich aber je nach Jahrgang noch eine ganze Weile gut in der Flasche. Er ist ein idealer Cigarrenpartner, wenn die Cigarre intensiver wird und mehr Körper im Port gefragt ist.

Vintage Port

Nur die besten Weine aus den besten Jahrgängen werden als reine Jahrgangs-Ports nach nur zwei Jahren Lagerung in den Holzfässern auf die Flasche gebracht und reifen dort mehrere Dekaden weiter. Diese Weine aus den guten Jahrgängen werden rege gehandelt, erzielen Spitzenpreise und sind Sammlerobjekte. Tiefer roter Körper, jede Menge Tannine und ein nach der Reifung meistens reichlich vorhandenes Depot bedingen ein gewisses Maß an Erfahrung, um diese Weine dekantieren und genießen zu können. Viele ›Vintage‹-Ports sind großartige Cigarrenbegleiter, aber dennoch ist eine gewisse Vorsicht geboten: Zu junge Kandidaten können zu tanninlastig sein und alte, gereifte Raritäten zu sehr unter dem Rauch einer Cigarre leiden.

Single Quinta Vintage Port

Diese Weine kommen von einem einzigen Weingut, von denen die meisten großen Produzenten gleich mehrere bewirtschaften. Hier macht vor allem die »Einzellage« die Qualität aus. Es werden auch Jahrgangs-Portweine produziert. Nach Fass- und Flaschenlagerung sind diese sehr guten Portweine zu genießen wie ›Vintage‹-Ports, natürlich auch – nach ebenso vorsichtiger Auswahl – mit Cigarren.

Das Beste vom Besten und die Besten der Besten

Die besten Portwein-Jahrgänge des letzten Jahrhunderts waren 1963, 1970 und 1977, 1983, 1985 und 1987, 1991, 1994 und 1997. Im noch jungen 21. Jahrhundert ist gleich der herausragende Millennium-Jahrgang 2000 hervorzuheben (oder war es der vom letzten Jahr des ausgehenden 20. Jahrhunderts?), aber auch 2003 war ein Ausnahmejahrgang, und von 2005 erwartet man ebenfalls gute Ergebnisse. Als beste Portwein-Produzenten sind vor allem zu nennen:

Cockburn's: Cockburn Smithes & Ca. S.A.

Das Portwein-Haus wurde im Jahr 1815 von Robert Cockburn gegründet und ist bis heute in England der absolute Marktführer. Bezeichnend sind eine breite Range an Portweinen, die für den Massenmarkt bestimmt sind. Gerade seit den 1980er Jahren kommen allerdings auch viele sehr gute ›Vintages‹ und ›Single Quinta Vintages‹ auf die Flasche.

Croft: Croft & Ca. Lda.

Croft, gegründet 1678, gehört zu den ältesten Portwein-Firmen. Die – natürlich aus England stammende – Familie Croft begann früh mit dem Export ins restliche Europa und nach Übersee. Bemerkenswert sind ›Vintages‹ und ›Single Quinta Vintages‹ vor allem aus dem Vorzeigebetrieb ›Quinta da Roeda‹.

Delaforce: Delaforce Sons & Ca. – Vinhos, Lda.

Der Betrieb wurde 1868 von George Henry Delaforce gegründet, dessen Vater schon in der Branche tätig war. Auch wenn ›Delaforce‹ heute Teil einer großen Holding ist, besteht immer noch ein enger Familienbezug. Die Firma, die große Marktanteile in Deutschland hält, produziert sehr gute Jahrgangs-Ports, die allerdings nicht unbedingt in allen Jahren für die Ewigkeit bestimmt sind.

Dow's: Silva & Cosens Lda.

Der Name auf dem Etikett ist wie ein Donnerhall, wenn es um Portwein geht, das Unternehmen dahinter weit weniger bekannt. Es wurde 1798 von einem portugiesischen Händler gegründet. Den Namen ›Dow's‹ hat es von einem späteren englischen Teilhaber. Er steht für recht trockene, ehrliche, sehr gute Portweine aus den besten Quintas. Alle produzierten Jahrgänge sind sehr beachtenswert.

Ferreira: A.A. Ferreira S.A.
Das portugiesische Vorzeigeunternehmen, Mitte des 18. Jahrhunderts gegründet, zehrt noch heute vom Ruhm seiner »Grande Madame« Doña Antónia Adelaide Ferreira, einer Witwe, die im 19. Jahrhundert mit hohem sozialen Engagement die Geschicke der Firma lenkte. ›Ferreira‹ erzeugt viel weißen Port und sehr gute ›Tawnys‹. Die Jahrgangs-Ports sind oft unterschätzt, aber dennoch keinesfalls günstig zu bekommen.

Fonseca: Fonseca Guimaraens – Vinhos S.A.
Neben ›Taylor's‹ eine der berühmtesten Portwein-Marken. Beide gehören inzwischen auch zusammen. ›Fonseca‹ wurde 1822 gegründet und verfügt über hervorragende Quintas und Traubenbestände. Die besten Jahrgangs-Ports werden unter dem Namen ›Fonseca‹ etikettiert, und für besonders perfekte Weine existiert zudem das Label ›Fonseca Guimaraens‹. Damit huldigt man der Familie des Kellermeisters, die seit drei Generationen am Werk ist. Alle aus diesem Haus kommenden Qualitäten sind sehr empfehlenswert. – Übrigens: Die kubanische Cigarrenmarke ›Fonseca‹ wurde lediglich von einem Namensvetter gegründet.

Graham's: W. & J. Graham & Co.
Die im frühen 19. Jahrhundert gegründete Handelsfirma war ursprünglich im Textilhandel zu Hause. Die Vorzeige-Quinta heißt ›Malvedos‹ (»Schlechte Straßen«). Hohe Investitionen während der letzten drei Jahrzehnte haben diesem sehr guten Portwein-Haus geholfen, seinen schon hervorragenden Ruf noch zu verbessern. ›Graham's‹ steht für grandiose ›LBV's‹ und einen famosen 1994er.

Niepoort: Niepoort (Vinhos) S.A.
Verhältnismäßig kleiner Betrieb holländischen Ursprungs mit schöner Mischung von Tradition und Moderne. So achtet man dort die klassischen Produktionsmethoden und hat dazu zeitgemäße Bio-Richtlinien eingeführt. Dirk van der Niepoort, seit 1987 Chef des Unternehmens, ist heute ein Stern am portugiesischen Weinhimmel. Er produziert mit stetig wachsendem Erfolg neben Spitzen-›Tawnys‹ – darunter besonders bekannt die ›Colheitas‹ – sowie hervorragenden ›LBV's‹ und Top-Jahrgangs-Ports auch Weiß-, Rosé- und Rotwein.

Osborne: Osborne (Vinhos de Portugal) & Ca. Lda.
Der andalusische Stier, inzwischen Markenzeichen nicht nur für Sherry und Brandy de Jerez, sondern gleich für die ganze Region im Süden Spaniens, hat den Sprung nach Portugal erst Ende des 20. Jahrhunderts gemacht. Inzwischen produziert das Unternehmen mehrere Millionen Flaschen Portwein – darunter auch sehr elegante Jahrgangs-Ports, die eher leicht und fruchtbetont, dafür aber recht cigarrenkompatibel und somit einen Versuch durchaus wert sind.

Ramos Pinto: Adriano Ramos-Pinto (Vinhos) S.A.
Das heute wohl technisch innovativste Portwein-Unternehmen wurde 1880 von den Brü-

dern Ramos-Pinto gegründet, die von Beginn an fest den überseeischen Markt im Auge hatten. Viele heute gültige Standards, wie die Rebsortenauswahl, der Aufbau der Weingärten und die Kellertechnik, wurden von Ramos-Pinto etabliert. Die Marke steht heute für besonders edle und alte ›Tawnys‹ sowie für elegante Jahrgangs-Ports.

Rozès, SPR Vinhos S.A.
Die Tradition des Hauses ›Rozès‹ ist eng mit der französischen Weinhistorie verknüpft. Lange nach den Handelskriegen mit den Engländern, im Jahre 1855, dem Jahr der großen Klassifizierung im Bordelais, kehrte der Weinhändler Ostende Rozès zu seinen familiären Wurzeln nach Portugal zurück, um sich im Portwein-Handel zu engagieren. Heute gehört die Marke ›Rozès‹ zur französischen Champagner- und Weingruppe ›Vranken-Pommery Monopole‹ und produziert sehr subtile, elegante Portweine mit auffälliger Erscheinung und viel Raffinesse, die oft sehr gut zu Cigarren passen. Highlights sind die ›Vintages‹ aus den Jahren 1991 und 2000.

Sandeman: Sandeman & Ca., S.A.
Die zweite große spanische Marke ist schon viel länger auf portugiesischem Boden verwurzelt und war um 1870 der größte Exporteur für Portwein. Diese Konzentration auf den Massenmarkt blieb über hundert Jahre bestehen, doch seit dem auslaufenden 20. Jahrhundert widmet man sich zunehmend auch der qualitativ hochwertigen Portwein-Bereitung und feierte schon beachtliche Erfolge. Der ›20 Years Old Tawny‹, der ›1994er Vintage‹ und alle Weine der ›Single Quinta‹-Reihe ›Quinta do Vau‹ sind einfach großartig.

Taylor's: Taylor, Fladgate & Yeatman – Vinhos, S.A.
Dieses Urgestein der Portwein-Industrie wurde schon 1692 gegründet und verdankt seinen Ruf der Produktion von Spitzen-Jahrgangs-Portweinen. Um die Weinbereitung kümmern sich seit Jahren die Kellermeister von ›Fonseca‹. ›Taylor's Ports‹ sind – zu Recht – teuer und reichen preislich durchaus an den berühmten ›Nacional‹ von der ›Quinta do Noval‹ heran. Fast jeder nicht als ›Vintage‹ deklarierte Jahrgang wird zu einem ›Single Quinta Vintage‹ von der ›Quinta de Vargellas‹, die seit 1863 im Besitz von ›Taylor's‹ ist. Auch die ›LBV's‹ sind herausragend.

Warre's: Warre & Ca. S.A.
Das älteste Portwein-Haus mit Gründungsjahr 1670 hat eine aufregend lange Geschichte, die auch familiär eng mit der Branche verbunden ist. So wird das Traubengut seit Generationen auf denselben Quintas angebaut und von denselben Zulieferern gekauft, was der Qualität sehr zugute kommt. Wie bei allen Traditionsunternehmen sind vor allem die (teuren) Jahrgangs-Ports hervorragend, aber auch die ›LBV's‹ sind von der typischen kräftig-würzigen Struktur geprägt, die den schneidigen englischen Stil ausmacht.

Quinta do Noval: Quinta do Noval – Vinhos, S.A.
Einzelne Quinta mit Kultcharakter, die mit ihrem 1931er Jahrgang legendär geworden ist. Seitdem gelten die Portweine von ›Quinta do Noval‹ in guten Jahren als das Nonplusultra, vor allem der ›Quinta do Noval Nacional‹. Die Preise dafür sind exorbitant hoch, aber als Sammler- und Anlegerobjekte sind diese Portweine über alle Maßen begehrt.

›Sexmachine‹ und ›Übermut‹

»Wenn Du in Portugal ›Riesling‹ anpflanzen kannst, dann machen wir in Deutschland eben Portwein.« Eine Idee war geboren. Lange bevor Markus Schneider, Thomas Hensel und Karsten Peter aus der schönen Pfalz ihren Platz auf dem Thron der besten deutschen Jungwinzer eingenommen hatten, hatte der portugiesische Starwinzer Dirk van der Niepoort damit begonnen, im portugiesischen Duoro-Tal ›Riesling‹ anzubauen. Warum auch nicht? Ein feiner, kühler ›Riesling‹ kann gerade im heißen Portugal wunderbar erfrischend sein. Die ersten Ergebnisse dieses spannenden Experiments waren dann auch mehr als beachtlich. Und da dachten sich die drei übermütigen Pfälzer Winzer: »Lasst uns doch einen Portwein machen …«

Verkehrte Welt? Es gibt ja viele Beispiele für Gastspiele deutscher Winzer auf ausländischen Weinbühnen, aber Portwein aus der Pfalz klingt im ersten Moment wie Fado in der ›ZDF-Hitparade‹. Doch Freundschaften machten dieses scheinbar unmögliche Projekt möglich. So wie die Pfälzer dem befreundeten Portugiesen Dirk van der Niepoort beim ›Riesling‹ Tipps gaben, so war im Gegenzug selbst beim traditionellen Einmaischen der Trauben mit den Füßen Dirk van der Niepoort mit von der Partie – per Telefonkonferenz.

Gerade der heiße Sommer 2003 war für einen kräftigen Likörwein aus ›Cabernet Cubin‹ wie geschaffen – es sollte ja nur ein kleines Experiment werden …

Aber schon bei der Weltfassprobenpremiere an Silvester 2003 in Berlin hätten die drei dieses kleine Fass roten Übermuts – damals noch unter dem Arbeitstitel ›Sexmachine‹, der aus nahe liegenden marketingtechnischen Gründen überarbeitet wurde und seitdem ›Übermut‹ heißt – fünfmal verkaufen können. Viele Fassproben und achtundzwanzig Monate später kamen dann auch wirklich einige Flaschen aus dem immer geringer werdenden Vorrat in den Verkauf und verschwanden rasch in den Kellern von Sammlern.

2004 wurden die Jungwinzer dann noch übermütiger: Sie machten einen Weißwein nach Portwein-Verfahren. ›Muskat-Ottonel‹ hieß nun die Rebsorte ihrer Wahl, von der man zuvor oft gedacht hatte: »Wer braucht die denn?«

Eine kräftige Süße wie bei einem guten weißen Portwein, Honig, Zedernholz, Amalfi-Zitrone, eine leichte dominikanische Cigarre dazu – und siehe da: Die vorherige Frage ist ad absurdum geführt!

Hendrik Canis

*

Übrigens: Das Wort »Mut«, zumeist als Tugend angesehen, stammt aus dem Altgermanischen und bedeutete ursprünglich »erregt sein«. Nach zwei Gläsern dieses wunderbaren Weins werden Sie Folgendes empfinden:, Leichtsinn, Torheit – eben Übermut. Versprochen!

Portwein & Cigarren:
Die Top-5-Kombinationen

10 Years Old Tawny.
Quinta do Vallado
&
La Gloria Cubana Médaille d'Or №1.
Kuba

Der sanfte Portwein mit seiner samtigen, runden Struktur und der geschmeidige Rauch aus dem schlanken Ringmaß dieser ›Delicado‹ wiegen sich zusammen am Gaumen hin und her. Die Trockenfruchtaromen von Feige bis Rosine und die angenehme Süße begleiten hervorragend den zartwürzigen Rauch, der ab der Hälfte der Cigarre auch ein Quantum Schärfe transportiert. Eine grandiose Kombination für den verregneten Nachmittag mit einem guten Buch.

Colors Collection Reserve Rot.
Rozès
&
Cuesta Rey Tuscany.
Dominikanische Republik

Reifer Tawny mit viel Frucht, zartnussigen Bitteraromen und eleganter Süße. Relativ dicht im Glas. Die Cigarre nimmt schnell Temperatur an und präsentiert ihre milde Ausstrahlung, die mit feinen Kaffeenoten und Süße gesegnet ist. Es entsteht ein sehr schönes Miteinander zwischen der Fruchtigkeit des Weins und der verhaltenen Tabakwürze. Für Cigarreneinsteiger und Portwein-Freunde ein Genuss.

1994 Vintage Port. Quinta da
Ervamoira, Ramos-Pinto
&
Ramon Allones Specially Selected.
Kuba

2000 Vintage Port.
Rozès
&
Alonso Menéndez Robusto.
Brasilien

Dieser ›Single Quinta Vintage‹ aus dem großen Jahr 1994 bringt süßen Duft und subtile Frucht ins Glas. Stabile Säure und ein präsentes, aber nicht übermächtiges Tanningerüst signalisieren noch lange Lagerfähigkeit. Die kräftig-archaische Cigarre, wie immer am besten aus der Cabinet-Kiste genossen, reiht sich problemlos in die volle Geschmacksstruktur ein. Es entsteht ein ewiger Nachhall von rotfruchtiger Süße mit maskuliner Würze. Heute genauso gut wie in vielen Jahren.

Der noch junge, tanninlastige ›Vintage‹ ist kein Begleiter für kräftige Cigarren, auch wenn er sich zugänglich darstellt. Hier bestätigt der weiche Rauch der sehr hochwertigen Brasil-Cigarre, der selbst kaum Gerbstoffe, dafür viel Süße und ein herrlich urtümliches Aroma hat, die Kombination. Es treffen Schokolade, Kakao und Zimt, dazu rote, trockene Früchte auf waldig-unterholzige Samtigkeit. Großartig!

1987 Vintage Port. Ferreira
&
Bolívar Coronas Gigantes.
Kuba

Suchen Sie sich ein Exemplar dieser grandiosen Cigarre im ›Churchill‹-Format aus, das mindestens fünf Jahre alt ist. Der typische kubanische Geschmack einer gereiften Bolívar arrangiert sich wunderbar mit dem alten Portwein, der sich auf dem Gipfel der Genussreife befindet. Die etwas hellere Farbe am Glasrand, der würzige Duft und das große Format der Cigarre verschaffen dem Connaisseur respektvoll-meditative Genussmomente.

Cognac

Der Klassiker zur Cigarre

»Der geistige Mittelpunkt Frankreichs … Cognac.«

Damit hat der österreichische Aphoristiker Germund Fitzthum zweifellos recht, wenn auch der geografische Mittelpunkt der »Grande Nation« ein gutes Stück von der Region Cognac entfernt liegt. Letztere befindet sich nördlich von Bordeaux, jener Stadt, die dem berühmtesten Weinanbaugebiet der Welt seinen Namen gegeben hat, und östlich vom schlanken Delta der Gironde. Das dortige, vom Atlantik geprägte Klima ist zusammen mit den kreidehaltigen Böden und der jahrhundertealten Tradition der Cognac-Herstellung verantwortlich für die Qualität und die Vielfalt der wohl hochwertigsten fassgelagerten Spirituose, die es weltweit zu kaufen und zu kosten gibt.

Die Geschichte des Cognacs beginnt im 13. Jahrhundert. Holländische Schiffe handeln mit Salz und nehmen den berühmten Charente-Wein an Bord für Nordeuropa. Bis zum 16. Jahrhundert wird immer mehr Wein produziert, doch der Wein übersteht die langen Seereisen entlang der Küste nur sehr schlecht. Die »Haltbarmachung und Schiffbarkeit« des Weins wird zu einem Thema.

Als Resultat dieser Bemühungen wird die Destillation des Weins eingeführt. Schnell erkennt man, dass ein zweifaches Trennungsverfahren die flüssigen Ergebnisse nicht nur reisefester, sondern auch noch feiner macht. Das Destillat, »Eau de vie« (»Lebenswasser«) genannt, wird in Holzfässern aufbewahrt. Mit der Lagerzeit in den Fässern verändert und verbessert sich die Qualität der »Eau de vie« zusätzlich. Gleichzeitig entstehen im 18. und 19. Jahrhundert die ersten großen Handelshäuser, welche für die Verbreitung des Cognacs in der Welt sorgen.

Strenge Regeln – ein Garant für Qualität

Cognac unterliegt von der Herstellung bis zum Handel strengen Regeln, die dem Schutz seiner Identität und Qualität dienen – der ›Appellation d'Origine Contrôlée‹ (›AOC‹). Hierin ist festgelegt, dass …

- eine in einem Dekret von 1909 festgelegte Anbaufläche die Region begrenzt,
- nur bestimmte Traubensorten verwendet werden dürfen,
- strikte Regeln zur Weinherstellung eingehalten werden müssen (›Vinifikation‹),
- die zweifache Destillation jeweils in ›Pot Charentais‹ aus Kupfer vorgenommen werden muss,
- die Reifung in Holzfässern zu erfolgen hat,
- die unterschiedlichen Qualitäten gemäß den vom Gesetzgeber festgelegten Bezeichnungen ›VS‹, ›VSOP‹ und ›XO‹ klassifiziert werden müssen.

Die Region Cognac ist in sechs verschiedene »Crus« (Reifezonen) aufgeteilt, deren Gesamtfläche 75.100 Hektar umfasst: Grande Champagne, Petite Champagne, Borderies, Fins Bois, Bons Bois und Bois Ordinaires. Weder die Grande Champagne noch die Petite Champagne haben etwas mit dem gleichnamigen Schaumwein zu tun; vielmehr bezeichnen sie jene Regionen, deren Rebflächen die entsprechend wertigen Trauben für den Cognac hervorbringen. Ein ›Fine Champagne‹ besteht zu mindestens 50 Prozent aus Destillaten, die aus der Grande Champagne stammen; der Rest muss zwingend aus der Petite Champagne kommen. Dagegen ist die Region Borderies ein nahezu unbedeutendes kleines Zwischengebiet; nur 5 Prozent aller Cognacs werden hier hergestellt. Bleiben noch die wenig bekannten Waldgebiete: Die Regionen Fins Bois, Bons Bois und Bois Ordinaires bringen überwiegend kräftige und ungestüme Cognacs hervor, die meist jung getrunken werden.

Cognac wird zu 95 Prozent aus Weißweinen der Hauptrebsorte ›Ugni Blanc‹ gewonnen. Daneben werden noch in geringem Umfang ›Folle Blanche‹ und ›Colombard‹ verwendet, die sich die restlichen 5 Prozent der Anbaufläche teilen. Die Lese der Trauben beginnt nach einer recht langen Vegetationsperiode meist Ende September oder Anfang Oktober.

Nach der Weinherstellung wird Cognac zweifach destilliert. Die traditionellen Destilliergefäße aus Kupfer sind die ›Pot Charentais‹. ›Brouillis‹ heißt das erste Destillat, das einen Alkoholgehalt von 28 bis 32 Volumprozent aufweist. Das eigentliche »Eau de vie« erhält man nach der zweiten Destillation. Es hat einen Alkoholgehalt von durchschnittlich 72 Volumprozent. Nur dieses Herzstück, »Bonne Chauffée«, wird für den späteren Cognac verwendet.

Neben der Destillation ist die Auswahl des Fasses ein wichtiges Kriterium für guten Cognac. Für die Fässer finden zumeist ausgesuchte Hölzer aus Tronçais und Limousin Verwendung. Von Hand gefertigte Fässer – Dauben und Böden werden nach althergebrachter Technik verbunden – gewährleisten höchste Qualität. Für die Reifung werden 270 bis 450 Liter fassende Behältnisse verwendet. Als ideal haben sich Fässer mit einer Größe von 350 Litern erwiesen, die heute bevorzugt von den »Tonnelerien« in der Umgebung von Cognac hergestellt werden.

Das endgültige Produkt Cognac erhält man durch Zusammenstellung (»Assemblage«) und Verheiratung (»Marriage«) verschiedener Altersstufen und Lagen (»Crus«) der »Eau de vie«. Diese Aufgabe übernimmt der Kellermeister, der damit jedem Cognac seine Persönlichkeit verleiht. Er achtet zudem auf die vorgeschriebenen Mindestlagerzeiten, um bestimmte Qualitätsstufen zu erreichen. Diese Qualitätsstufen sind heute streng nach der ›AOC‹ definiert und für den Verbraucher durch Vermerke auf den Etiketten ersichtlich.

Das Kürzel ›VS‹ (›Very Special‹) garantiert dem Genießer eine Fasslagerung von mindestens zwei Jahren (wobei die meisten Cognacs frühestens nach drei Jahren abgefüllt werden), während die Bezeichnung ›VSOP‹ (›Very Special/Superior Old Pale‹) bedeutet, dass die vermählten Brände mindestens vier Jahre in Fässern gelagert worden sind. Für Cognacs mit mindestens zwölf Jahren Lagerzeit hält der Gesetzgeber schließlich noch das Kürzel ›XO‹ (›Extra Old‹) bereit. Ab sechs Jahren Lagerung in den Kellern der Charente kann man sich aber auch relativ bedenkenlos auf die Eigenklassifizierungen der Produzenten verlassen: ›Napoléon‹, ›Extra‹ oder ›Extra Vieux‹ sind nur einige der Bezeichnungen, die auf ein großes Getränk hinweisen. Bei den meisten Cognacs handelt es sich dabei um Brände, die zwischen zwölf und vierzig Jahre alt sind.

Nur sehr wenige Cognacs werden jahrgangsrein auf die Flasche gezogen. Meistens handelt es sich in einem solchen Fall um den Inhalt, und zwar eines einzigen, ganz besonders gut gereiften Fasses. Dementsprechend rar sind diese Jahrgangs-Cognacs.

Cognac wird pur genossen. Dafür ist, konträr zu früheren Meinungen und Gebräuchen, kein großer Cognac-Schwenker vonnöten. Heute genießt man ihn lieber in kleineren, tulpenförmigen Gläsern, welche für die einzelnen Reifegrade sogar in unterschiedlichen Ausführungen erhältlich sind. So genießt jeder seinen persönlichen Favoriten: ob Cognac aus der Grand oder der Petite Champagne oder doch einen der leichteren »Eau de vie« aus den anderen Crus.

Jürgen Deibel

Vom Sinn und Unsinn der Cigarren-Cognacs

Cognac und Cigarren sind ein ganz besonderes Paar. Für viele Connaisseure gibt es heute jedoch außer dem gepflegten »After-Dinner-Smoke« kaum mehr Situationen, in denen sie einen Cognac genießen können – zumindest in »Good old Europe« signalisieren zurückgehende Umsatzzahlen und verstaubte Flaschen in den Regalen der – momentan auch noch vorwiegend rauchfreien – Bars und Restaurants eine solche Entwicklung. Ganz im Gegensatz zu den Gepflogenheiten in Asien und Nordamerika, wo dem Cognac gerade ein selten erlebter »Hype« widerfährt, wenn auch auf ganz unterschiedliche Weise. Sind es in den Staaten die jungen, erfolgreichen Künstler und Musiker, die Rapper von der Ost- und Westküste, welche sich Cognac und Cigarren in jeder Lebenslage – zumindest wenn ein Paparazzo in der Nähe ist – zu Gemüte führen und die Namen der edlen Brände abzukürzen und zu verballhornen pflegen, gehört alter, hochpreisiger Cognac in Asien als wertgeschätztes Statussymbol zum guten Ton. Geschäftsleute überreichen Kristallflaschen der teuersten Jahrgangs-Cognacs als Gastgeschenke, und die Gastgeber öffnen ihrerseits ähnlich wertvolle Raritäten, um den gewohnten Umgang mit solcherlei Pretiosen zu dokumentieren. Selbstverständlich ist auch hier die Cigarre zum Cognac »Usus« und wird dementsprechend zelebriert.

Kein Wunder, dass viele Cognac-Hersteller auf die Idee verfallen sind, neben den üblichen Qualitäts-Cognacs auch ein »Eau de vie« abzufüllen, der einen Namen wie »Cigar Reserve« oder »Cigar Club« trägt. Auffällig ist bei diesen Cognacs meistens eine besonders dunkle Färbung und eine tiefe Süße, die, wohlbekannt, den gerne würzigen Cigarrenrauch besonders gut begleitet und manche unangenehme Schärfe abzufedern vermag.

So weit, so gut – und vor allem an den weniger erfahrenen Aficionado gerichtet, der sich sensorisch sicher fühlen konnte und zur Cigarre einen Cigarren-Cognac zu bestellen in der Lage war. Allerdings kamen im nächsten Schritt Cognacs auf den Markt, welche die Namen von Cigarrenmarken trugen. ›Cohiba Cognac Extra‹ und ›Davidoff Extra‹ sollten den Genießer nicht nur verleiten, einen teuren Cognac zu trinken, sondern womöglich auch noch eine Cigarre der betreffenden Marke dazu zu rauchen. Wohlgemerkt, die Cognacs sind sicher alle gut bis sehr gut, wenn auch ein ›Cohiba Cognac Extra‹ reichlich übertäuert sein dürfte – und cigarrenkompatibel sind sie ebenfalls, aber eine ›Esplendido‹ mit einem ›Cohiba Cognac‹ zu genießen kommt einem wirklich an Sensorik interessierten Menschen in etwa so einfallsreich vor wie einem stilbewussten Kuba-Besucher, der mit einem Mal auf die Idee kommt, mit seiner Liebsten im Partnerlook und mit gleichen Sonnenbrillen auf dem Malecón zu flanieren.

*

Übrigens: Die schönste Methode, sich einem Geschmacksduo zu nähern, das den eigenen sensorischen Vorlieben entspricht, ist immer noch das Probieren der verschiedensten Komponenten beziehungsweise Produkte.

Cognacs & Cigarren: Die Top-5-Kombinationen

Cigar Club. Jean Fillioux
&
El Credito Serie R No 4.
Dominikanische Republik

Dieser Cigarren-Cognac steht für Kraft und Fülle, aber auch für karamellige Eleganz ohne aufgesetzte Süße. Er harmoniert sehr gut mit den erdigen, kräftigen Tönen der etwas verschlankten ›Robusto‹, denn er rundet die kleinen, scharfen Stolpersteine, welche die ›Serie R No. 4‹ so intensiv machen, gut ab, lässt aber der Cigarre trotzdem ihren Charakter. Diese Kombination erfreut Zunge und Geist, macht eher wachsam als müde und leitet vom gepflegten Dinner zum angeregten Gespräch über.

XO. Hennessy
&
La Aurora Petit Corona.
Dominikanische Republik

Im Falle dieser kleiner ›Corona‹ beschert die Kombination eher einen grandiosen »Quicky« als einen herrschaftlichen Moment, doch diese Cigarre steht für eine ganze Reihe nicht zu leichter dominikanischer Cigarren, die gut zum ›Hennessy XO‹ passen. Letzterer gehört zu jenen Cognacs, die fast in jeder Bar oder Lounge zu finden sind, vielleicht nicht zuletzt deshalb, weil er sich als sehr cigarrenfreundlich erwiesen hat. Trockenfrüchte und Rancio, wenig alkoholische Schärfe und ein langer Abgang bereiten Zunge und Gaumen für den feinen Tabakrauch vor, und der lange Nachhall tut sein Übriges, um diese Kombination eingängig zu machen.

1795 Extra. Otard
&
Romeo y Julieta Churchill.
Kuba

Dieser volle, wuchtige Cognac braucht eine Cigarre, die ihm gewachsen ist, und findet sie in der goldberingten und archetypischen ›Churchill‹. Zwischen präsentem Rancio und honigsüßer, dörrobstiger Fruchtigkeit kommen die männlich-erdigen und holzig-würzigen Noten gut zur Geltung. Ab der Hälfte dieses formidablen Zeitfensters erfolgt durch die Steigerung der Cigarre ins deutlich Kräftige noch ein Quantensprung an aromatischen Eindrücken. Es ist nicht verkehrt, jetzt nach einem gesüßten Espresso zu fragen, damit er diesen schönen Moment mitgestalten möge.

XO Elégance. Camus
&
Rocky Patel Churchill Vintage
1990. Honduras

Cognac und Cigarre passen nicht nur geschmacklich, sondern schon im Vorfeld optisch hervorragend zueinander. Mahagonifarben liegt der Cognac im Glas und versprüht seine hellen Reflexe auf das Colorado-Maduro-Deckblatt. Die Cigarre riecht männlich nach Stall und Erde, der Cognac duftet eher feminin nach Blüten, während sich am Gaumen Nüsse und Vanille mit Schmelz und Kraft vermählen. Großartig – und unbedingt an einem wachen Sommerabend genießen.

Delamain XO Pale & Dry. Delamain & Davidoff Aniversario No 1. Dominikanische Republik

Sensorische Eleganz ist gefragt und Zurückhaltung im Konsum, wenn man die gut zwei Stunden Rauchdauer dieser Cigarrenkönigin mit einem Cognac begleiten möchte. Wer dazu den ›Delamain XO Pale & Dry‹ wählt, erlebt Besonderes. Schon im Glas erstrahlt der Cognac sehr hell und brillant, und auch sein elegantes Bouquet ist klar definiert. Florale Noten sowie ein Hauch von ätherischer Frische und Zedernholz gefallen der Cigarre, die sich in fast quälender Langsamkeit genial steigert und sich erst nach einem langen, zärtlichen Vorspiel beim schließlich intensiven Genussmoment als königliche Rauchpretiose entpuppt. Hier beweisen zwei schlanke Schönheiten, dass es auch ohne volle, satte Süße und wuchtige Opulenz gehen kann.

Whisky

Lebenswasser und Kultgetränk

»Man muss dem Leben immer um mindestens einen Whisky voraus sein.«

Um diesem Lebensmotto Humphrey Bogarts nachzukommen, des bei weitem nicht besten, aber doch sicher archetypisch männlichsten und so hinreißend lässig rauchenden Schauspielers, muss man kein ausgemachter Whisky-Freund oder -kenner sein, zumal sich Bogart selbst eher der Cigarette als der Premium-Cigarre verschrieben hatte. Wie bei allen Dingen, die gut tun und gut schmecken, schadet es allerdings nicht, sich einen kleinen Überblick über die Facetten des Angebots zu verschaffen. Beim Whisky beziehungsweise Whiskey ist das Angebot schier unermesslich, und Qualitäts- und Herkunftskennzeichen sind für den Laien oft nicht beim ersten Blick aufs Etikett zu erkennen. Wenn man allerdings etwas genauer hinsieht, lassen sich die einzelnen Marken und Qualitätsstufen und nicht zuletzt die Art und Weise, wie sich der entsprechende Whisky geschmacklich zu Cigarren verhalten mag, ganz gut einteilen.

Die verschiedenen Getreidearten, aus denen Whiskys hergestellt werden können, bedingen deutliche Geschmacksunterschiede: ›Malt Whiskys‹ werden zumeist aus 100 Prozent gemälzter Gerste gemacht, deren mildere Verwandte, die ›Grain Whiskys‹, aus Mais, Weizen oder gemälzter *und* ungemälzter Gerste (Europa) oder Roggen (USA). Ferner werden amerikanische Whiskeys mit über 80 Prozent Mais in der Maische ›Corn‹, mit unter 80, aber über 50 Prozent Mais ›Bourbon‹ und jene mit über 50 Prozent Roggen ›Rye‹ genannt.

Ob Whiskys verschnitten oder sortenrein auf die Flasche gebracht werden, versteckt sich in den Herstellungsbezeichnungen. Ein ›Blend‹ oder ›Blended‹ ist ein Verschnitt aus verschiedenen Destillaten unterschiedlicher Brennereien. Es werden hierfür in der Regel ›Malt Whiskys‹ und ›Grain Whiskys‹ miteinander verschnitten. ›Blended Whiskys‹ sind meistens sehr zugänglich und ausgewogen, da sie ja »komponierte Getränke« sind und die Masterblender in diese Kompositionen all ihr Können legen. Deshalb passen viele Whiskys dieser Gattung auch hervorragend zu Cigarren. Bleiben noch zwei Arten zu erwähnen: Ein ›Single Malt‹ ist ein Whisky, der von einer einzelnen Destille kommt, ein ›Single Cask‹ sogar eine reine Abfüllung von nur einem Fass.

Große geschmackliche Auswirkungen haben zwei verschiedene Vorgänge, die vor und nach der eigentlichen Destillation stattfinden und auf den Whisky ganz individuell einwirken. Wird die Gerste über Torffeuer geröstet, bekommt die Maische – und damit später auch das Getränk – den typisch torfig-rauchigen Geschmack, der vielen ›Scotch Whiskys‹ sehr gut steht, wohl, fast paradoxerweise, nicht immer gut zu Cigarrenrauch passt. Wird dagegen der fertige Brand nach dem Holzfassausbau noch einige Monate oder Jahre in Fässern gelagert, die vorher andere Getränke enthielten, nennt man diesen Vorgang ›Finish‹. Besonders Fässer, in denen zuvor schwere, süße Getränke gereift sind, eignen sich für dieses Procedere. Deshalb gibt es viele Whiskys mit den Zusätzen wie ›Port Wood Finish‹, ›Madeira Wood Finish‹ oder ›Sherry Wood Finish‹. Diese nachträglich in den Brand transportierte Süße und Ausgewogenheit macht ihn meistens ansprechend für den gemeinsamen Genuss mit Cigarren.

Herkunftsländer

Whisk(e)ys werden überall auf der Welt hergestellt und tragen in ihrer sensorischen Typizität meistens ihre Herkunft schon geschmacklich vor sich her, sind vom Kenner also recht leicht »blind« erkennbar. Schottland, Irland, Kanada und Amerika gelten als die klassischen Whisky-Länder, allerdings kommen auch aus (in diesem Fall) exotisch anmutenden Ländern wie Österreich und Deutschland, Japan und Thailand Vertreter dieses ausgemachten Kultgetränks.

Schottland

Gilt Schottland auch als Wiege des Whiskys, so geht man doch davon aus, dass die Kunst des Destillierens aus Irland auf die schottischen Inseln kam. Das Produzieren von Alkohol war zunächst den Ärzten und den Badern vorbehalten, die den Alkohol für medizinische Zwecke verwendeten. Bald tauchten freilich immer mehr schwarz gebrannte Getränke auf, die mit Kräutern und vor allem Honig geschmacklich verbessert wurden. Die ersten »Lebenswasser« waren also süßliche Likörgetränke und keine starken, klaren Brände. Nachdem das Schnapsbrennen hoch besteuert wurde, begann die Ära der legendären Schwarzbrenner und ihres geheimnisvollen Gewerbes samt Schmuggel und Schiebereien. Anfang des 19. Jahrhunderts wurde die Whisky-Produktion vor allem den kleinen Brennereien wieder erlaubt.

Schottische Whiskys werden traditionell zweifach destilliert. Der große Sprung auf den europäischen Kontinent gelang mit Hilfe eines unwissenden kleinen Verbündeten, der Reblaus, die in den 1870er Jahren in den großen Weinregionen auf dem Festland die Rebbestände zerstört hatte – mit der Folge, dass dort kaum mehr Weinbrand zur Verfügung stand. Die Alkoholhändler entdeckten den Whisky, und der ›Scotch‹ wurde Importware.

Schottland ist in fünf Whisky-Regionen eingeteilt: die Highlands, die für kräftig-blumige Whiskys stehen, die Lowlands, deren Brände eher grasig und leicht sind, Islay, wo sehr prägnante, kräftige, torfige Whiskys herkommen, Speyside mit seinen gefälligen und runden Vertretern sowie Campbeltown, dessen verbliebene zwei Brennereien zwar kaum den Weltmarkt

entscheidend beeinflussen, aber als Synonym für historisch-klassische Whiskys gelten. Natürlich haben diese groben Einteilungen mit keinerlei sensorischen Bewertungen zu tun.

Irland

Die Iren erlangten das Wissen um die Destillationskunst entweder von den Römern oder von den Kelten, bevor es von der Grünen Insel nach Schottland gelangte. Irland hat eine ähnliche Whiskey-Tradition wie Schottland, allerdings viel weniger Destillerien und Marken. Ein irischer Whiskey ist oft zugänglicher als ein ›Scotch‹, und zwar deshalb, weil er nicht getorft und meistens dreifach gebrannt wird, was zu einem potentiell leichteren, frisch-fruchtigen, oft als »birnig« beschriebenen Bouquet führt.

Das ›Blenden‹ hat in Irland eine große Tradition, ebenso wie die verschiedenen ›Finishs‹, deren Verschnitt untereinander wiederum ›Vatting‹ genannt wird. Gerade in den letzten Jahren sind einige großartige Vertreter der letzteren Gattung auf den Markt gekommen.

Vereinigte Staaten

Vier Grundtypen amerikanischen Whiskeys prägen das Gesamtbild: ›Bourbon‹, ›Corn‹, ›Rye Whiskey‹ und ›Tennessee Whiskey‹. Die Holzfässer, in denen amerikanischer Whiskey reift, dürfen nur ein einziges Mal befüllt werden. Diese ›Barrels‹ werden nach dem Ende ihrer Bestimmung nach Schottland, Irland und in die ganze restliche Welt verkauft, um noch weitere Male mit Whisky, aber auch mit anderen Spirituosen, wie etwa Rum oder Tequila, befüllt zu werden. Eine Besonderheit unter den amerikanischen Whiskey-Kategorien stellt die Region Tennessee dar. Ihre Destillate bestehen, wie ›Bourbon‹, zu mindestens 51 Prozent aus Mais, aber der ›Tennessee Whiskey‹ wird zusätzlich mit Ahornholzkohle gefiltert und ist traditionell sehr mild. Einer Erwähnung wert ist auch der ›Rye Whiskey‹: Der amerikanische Ur-Whiskey besteht zu über der Hälfte aus Roggen und besticht durch eine markante Süße.

Durch den großen Anteil von amerikanischen Whiskeys, die in Europa den Massenmarkt beherrschen und qualitativ allenfalls im Mittelfeld angesiedelt sind, entstand hierzulande in den letzten Dekaden der Eindruck, amerikanische Top-Whiskeys wären kaum zu bekommen. In der Tat sind gehobene Qualitäten aus den Vereinigten Staaten vor allem die Reaktion auf eine steigende Nachfrage, die in den vergangenen Jahren im »Land der unbegrenzten Möglichkeiten« eine Gegenbewegung ausgelöst hat. Im Geflecht von Puritanern und Prohibitionsanhängern sowie einer spätkolonialen Alkoholtradition hat sich ein Trend hin zu hochwertigen Premium-Produkten und Einzelfassabfüllungen entwickelt. Während die »einfachen« amerikanischen Whiskeys typisch, aber wenig individuell schmecken, lassen sie meistens, aber nicht immer Platz für kräftige, ausdrucksstarke Cigarren. Premium-Whiskeys hingegen zeichnen sich durch ein hohes Maß an Geschmackskomplexität aus, mögen daher eher milde, leichte Begleiter.

Kanada

Für viele Whisky-Liebhaber liegen die ewigen Jagdgründe nördlich der Vereinigten Staaten. Dort gibt es vergleichsweise wenig Massenware – von Ausnahmen natürlich abgesehen: Ein ›Canadian Club‹ beispielsweise harmoniert durch seine ›Rye‹-Süße übrigens recht gut mit einfachen Cigarren.

Die meisten kanadischen Whiskys werden auf Roggenbasis hergestellt und sind ›Blends‹. Während der Prohibition in den Staaten wurde notabene viel kanadischer Whisky für Cocktails verwendet. Noch heute sind die meisten Vertreter sehr gefällig und vertragen sich hervorragend mit anderen Zutaten im Glas – oder eben mit Cigarren.

Japan

Japan produziert, nicht zuletzt durch Amerika beeinflusst, seit den 1920er Jahren Whisky. Er findet erst seit kürzerer Zeit international Beachtung – was sich positiv auf die Qualität und negativ auf die Bezahlbarkeit ausgewirkt hat. Die Flaschen, in denen die japanischen Whiskys abgefüllt werden, sind außergewöhnlich, wirken jedenfalls, als würden sie ein Geheimnis in sich bergen: mit Schriftzeichen übersät und von der Form her total abweichend von allen anderen gewohnten Getränkeflaschen. Der Inhalt ist deutlich an das schottische Vorbild angelehnt und somit mehr oder weniger »cigarrenverliebt«.

Weitere Herkunftsländer

Im europäischen Raum gibt es außerhalb von Irland und Schottland in nahezu jedem Land einen oder mehrere Spirituosenhersteller, die sich – überwiegend erfolgreich – am Whisky versucht haben. Meistens waren diese Produzenten schon vorher mit hochqualitativen Bränden am Markt und definieren den Preis ihrer Whiskys über eine sehr geringe Flaschenmenge. Gut bestückte Bars und Whisky-Freunde, die solche Pretiosen sammeln, nehmen fast die gesamten Bestände ab.

Aus Asien und Ozeanien kommen verschiedene Whiskys, die in englischer Kolonialtradition stehen, so aus Australien, Neuseeland und Indien. Die Produkte sind geschmacklich entweder stark regional gebunden – ein ›Mekong Whisky‹ schmeckt in einer thailändischen Hängematte entschieden besser als vor dem heimischen Kamin – oder allenfalls »Freak-Stoff« für Sammler und Liebhaber.

Immer wieder gibt es Anläufe, so genannte »Cigarren-Whiskys« auf den Markt zu bringen. In der Regel erschöpfen sich diese kreativen Versuche, ein Getränk zu schaffen, das jeder Individualität zum Trotz zu allen möglichen Cigarren passen soll, in der Auswahl eines sehr süßlichen Whiskys und in der Zugabe von Zuckercouleur. Dass diese so unfreien Begleiter meistens weder elegant noch lebendig am Gaumen sind, liegt in der Tatsache begründet, dass die Brenner und Masterblender ihre Fähigkeiten in der Produktion eines besonders guten, unverwechselbaren Whiskys haben, nicht im Erschaffen eines möglichst allgemeingültigen Partners für ein anderes Genussprodukt. Auch die wenigsten Weine werden explizit als Begleiter für Forelle oder Rindersteak gekeltert, und es gibt ebenso wenig einen Portwein, dessen Etikett eine besondere Schokoladenkompatibilität verspricht. Wenn die beiden dann doch zusammen passen, umso besser. Und der emanzipierte Genießer hat meistens an der eigenen Auswahl der Pretiosen mehr Spaß als an der Verkostung dessen, was als zusammenpassend verordnet worden ist ... Üblicherweise landen diese »Cigarrengetränke« im Regal für unreflektierte Geschenke und sind letztlich relativ schnell wieder vom Markt verschwunden.

Whisky: Reif für den Trend

Versetzen Sie sich einmal zurück in die 1980er Jahre: Erinnern Sie sich? Wenn man damals seinem Onkel, Vater, Großvater ein wirklich vernünftiges Geschenk machen wollte, dann war es ziemlich häufig eine Flasche wirklich vernünftigen Whiskys. Es war ein ›Black Label‹, es war ein ›Dimple‹, es war ein ›Chivas Regal‹. Das waren die Synonyme für Whisky. Nicht für irgendeinen wohlgemerkt, sondern für wirklich vernünftigen Whisky. Oder Whiskey – ganz wie Sie wollen. Der Einfachheit halber werde ich mich ab jetzt an die schottische und kanadische Schreibweise halten (also ohne »e«).

Und heute? Sie brauchen nur in ein handelsübliches Warenhaus mit Spirituosenabteilung zu gehen, und Sie bekommen eine Ahnung davon, wie populär Whisky in diesen Tagen ist. Ich weiß es nicht auf die Flasche genau, aber im ›KaDeWe‹ – nun gut, dieser Konsumtempel sprengt natürlich ein wenig den Rahmen des »Handelsüblichen« – finden Sie bestimmt über fünfhundert ganz und gar unterschiedliche Whiskys, vom gut sortierten Facheinzelhandel ganz zu schweigen. Es gibt mittlerweile über vierhundert Whisky-Händler in Deutschland, die bis zu dreitausend verschiedene Whiskys anbieten!

Wenn Sie vor zwanzig Jahren in eine angesagte Bar gegangen sind, fanden Sie, wenn Sie Glück hatten, gerade einmal eine Handvoll anspruchsvoller Whiskys, die, sagen wir mal, über 50 D-Mark pro Flasche kosteten. Besuchen Sie dagegen heute eine gute, klassische Bar in Ihrer Nähe, egal, ob Sie in Bergisch-Gladbach oder in Berlin wohnen … zwanzig unterschiedliche Whiskys sind fast schon Normalität, fünfzig gehören zum guten Ton, und über hundert sind mittlerweile keine Seltenheit mehr. Es wird über Whisky diskutiert, philosophiert und schwadroniert. Über Farben, Körper und Beine. Über Sherrynoten und Bourbonfässer, Vanille und Veilchen, Buttertoffee und Weihnachtskuchen, Malz und Leder, Holz und Teer.

Whisky ist zum Genuss-, zum Trend-, zum Lifestyle-Thema Nummer eins unter den braunen Spirituosen avanciert. Man spricht über Whisky, derzeit am liebsten über ›Malt‹ – wobei schnell vergessen wird, dass die Bezeichnung ›Malt‹ letztendlich nur Aufschluss über die Zusammensetzung des verwendeten Getreides gibt und per se nicht als Qualitätsmerkmal für einen Whisky gelten kann.

Man spricht über Alter und Klasse, wobei schnell vergessen wird, dass es mindestens genauso viele unerfreuliche alte wie unerfreuliche junge Whiskys gibt – nur dass man für die unerfreulichen alten immer horrende Summen hinblättern muss.

Und man spricht über die Art und Weise, wie ein hochklassiger Whisky getrunken wird. Die Puristen sind dabei an vorderster Front – wobei so oft die oberste, heilige (und sehr schottische) Maxime vergessen wird: »Drink your whisky as you like it.« Und basta.

Am Ende liegt das Geheimnis des Erfolgs von Whisky in der Flasche selbst und in seiner unendlich großen geschmacklichen Vielfalt, die einlädt: zum Probieren, zum Zurücklehnen, zum Genießen. Ob mit oder ohne Cigarre. Und am besten mit sehr viel Gelassenheit.

Adam Dittrich

Whisk(e)ys & Cigarren:
Die Top-5-Kombinationen

Dewar's Blended Highland Malt
Whisky, 18 Years Old.
John Dewar & Sons, Schottland
&
La Meridiana Torpedo.
Dominikanische Republik

Der eher milde und harmonische ›Blended Whisky‹ mit sanfter Vanille-Marzipan-Nase gefällt am Gaumen mit cremiger Frische und zurückhaltender Süße. Die ›La Meridiana‹ würde zwar auch gegen rassigere Partner bestehen, aber die Harmonie der beiden ist ein ganz besonderes Erlebnis. Die Süße taut noch weiter auf, und der Rauch vergeht langsam, während der Nachhall des Whiskys mit dem vollen Körper allmählich in Cremigkeit und Wollust vergeht.

Aberfeldy Single Highland Malt
Whisky, 21 Years Old. Aberfeldy,
Schottland
&
Montecristo Petit Edmundo.
Kuba

Der Whisky wird einundzwanzig Jahre lang in Eichenfässern gelagert und dann hell- bis gelbgolden auf die Flasche gezogen. Ausgewogene, schlanke, elegante Malzigkeit und eine leichte Honignote begleiten Aromen exotischer Früchte. Insgesamt ein vollmundiger Körper, der im Finish eher feinbitter als süß bleibt. Die Havanna im kurzen, dicken Format schmeichelt dem Whisky und gibt ihm ein bisschen mehr Süße. Die fruchtige Malzigkeit und die sonnige Eleganz des Getränks passen zum frühen Rauchverlauf und erfrischen das würzige Finale, bei dem dann auch noch Vanille und die exotischen Fruchtaromen verspielt zur Geltung kommen.

3

WOODFORD RESERVE
KENTUCKY STRAIGHT BOURBON WHISKEY.
WOODFORD, USA
&
DAVIDOFF 6000.
DOMINIKANISCHE REPUBLIK

2

THE TYRCONNELL SINGLE MALT,
FINISHED IN PORT CASK.
COOLEY, IRLAND
&
BARON ULLMANN CORONA.
DOMINIKANISCHE REPUBLIK

›Woodford Reserve‹ wird aus 70 Prozent Mais hergestellt. Daher die Süße. Gerste und Roggen sorgen für den Charakter. Eindrücke von Vanille und Aprikose, süßem Kakao und Eichenholz vereinen sich in diesem Whiskey in einzigartiger Weise zu einem sanft-subtilen Aroma, dem die moderne ›Davidoff‹ im Connecticut-Shade-Kleid mit zarten Tanninen und schlankem Körper als eleganter Begleiter zur Seite steht, ohne in die eher hintergründig-zarten Aromen einzugreifen. Trotzdem bleibt sie mit ihrem getoasteten Grundton stabil, wenn der Whiskey »ausbrechen« möchte. Das handfeste Finale ist durchaus schon etwas für den Nachmittag.

Dieser irische ›Single Malt‹ wird am Ende noch sechs Monate in alten Portfässern gelagert. Das verleiht ihm Süße und Kraft. Am Gaumen erinnert er an Schokolade, und im Nachhall erscheinen neben einem feinen Eichenholzgrundton deutliche würzige Noten. Die ›Baron Ullmann‹ kommt hervorragend mit diesem fast opulenten Taumel an Eindrücken zurecht, balanciert zwischen Süße und Schärfe und fügt ihren eigenen, typisch dominikanischen Geschmack hinzu. Anfänglich fast schüchtern, setzt sie sich später mit Vehemenz durch, bis sich die beiden in einem grandiosen Finale vereinen. Eine herrliche Kombination, die, gemeinsam mit den alten Freunden im Club genossen, eine wunderbare Stunde beschert.

**Dewar's Signature Blended Scotch Whisky. John Dewar & Sons, Schottland
&
Davidoff Diademas Finas 100th Anniversary. Dominikanische Republik**

Hier begleitet der ›Bentley‹ aus dem Hause ›Davidoff‹ unbestritten den ›Rolls-Royce‹ unter den Whiskys des ›House of Dewar's‹. Allerdings liefern sich die beiden Gentlemen kein Wettrennen, sondern machen eine Ausfahrt voller Gelassenheit und Nonchalance. Der ›Signature‹ liegt wie goldener Bernstein im Glas und riecht nach einem mannigfaltigen reifen Obstkorb, nach Wein, Vanille und Toffee. Am Gaumen ist er satt und reich. Männliche Ledertöne und eher feminine Anklänge von Honig und Sahne runden den Geschmack ab. Die ›Diademas Finas‹ nimmt kurz Temperatur an und gesellt sich dann in allerbester Laune dazu, erfreut sich an dem vollen, warmen und erhabenen Körper und dem ewigen Nachhall. Another magic moment.

Rum

Eine heimliche Leidenschaft

*»15 men on a dead man's chest
Yo, ho, ho and a bottle of rum
Drink and the devil had done for the rest
Yo, ho, ho and a bottle of rum.«*

Rum – da denken wohl die meisten zuallererst zurück, denken an vergangene Jahrhunderte, als Seeräuber, Piraten und Freibeuter die Meere unsicher machten. Und wohl die meisten erinnern sich an ihre Jugendzeit, als sie mit dem Gastwirtssohn Jim Hawkins in Robert Louis Stevensons Abenteuerroman *Die Schatzinsel* (aus dem das obige Zitat stammt) in die Karibik aufgebrochen sind und mit ihm gefiebert haben, ob es ihm denn letztendlich gelingen würde, sich gegen die Piraten zu behaupten und den Schatz, nach dem er mit seinen Gefährten suchte, schließlich in seinen Besitz zu bringen.

Sicherlich ist Rum eine der größten Spirituosen dieser Welt. Er ist das eigentliche Juwel unter den Destillaten. Sein Stil ist entweder von Einfachheit geprägt oder aber von ausgesprochen erlesener Güte. Rum ist tief im Geschmack, facettenreich und trägt die Eigenschaften des Landes, in dem er produziert worden ist.

Die Geburtsstunde des Rums ist untrennbar mit der Sklaverei und ihren Nutznießern verbunden, den Herrschenden im Zeitalter des Kolonialismus. Sein glorreicher Siegeszug vom einfachen Zuckerrohrwein der Sklaven bis zur Weltspirituose war einzigartig, sein anschließender Abstieg voraussehbar. Heute erlebt der Rum seine Renaissance und wird von Blendmastern und Barkeepern geschätzt, wird von Connaisseuren innig geliebt.

Vom Abfallprodukt zum Lieblingsgetränk

Welch langer Weg, seit vor circa sechstausend Jahren in Papua-Neuguinea das Zuckerrohr, lateinisch *Saccharum officinarum* geheißen, domestiziert wurde. Bereits um 3000 v. Chr. wurde es auf den Philippinen, in China, auf den Inseln Indonesiens und vor allem in Indien kultiviert. Im 7. Jahrhundert noch in den Händen der Araber, kam es mit den Mauren von Nordafrika über das Mittelmeer nach Spanien. Zu diesem Zeitpunkt begann die europäische Gier nach Zucker, dem begehrten Süßmacher, dem Heilmittel für Kranke. Zucker wurde geliebt, brachte

Reichtum und war Symbol der Macht. Die ersten Kolonien der Spanier und Portugiesen, die Kanarischen Inseln, Madeira und São Tomé, waren die Hauptlieferanten. Der Entdecker Amerikas, Christoph Kolumbus, der in eine einflussreiche Familie aus Madeira eingeheiratet hatte, war begeistert von diesem neuen Gold. Bei seiner zweiten Reise in die Karibik brachte er Zuckerrohrsprösslinge dorthin und ließ sie 1494 erstmalig auf Haiti anpflanzen. Noch konnte niemand wissen, dass diese Insel und die gesamte Region einmal der wichtigste Standort der neuen Zucker- und später auch Rum-Industrie werden sollte.

Der Anbau und die Verarbeitung der hoch wachsenden Pflanzen war Schwerstarbeit, zu bewältigen nur durch den Einsatz zahlreicher Arbeitskräfte. Weil die zur Arbeit gezwungenen indianischen Ureinwohner den Strapazen nicht gewachsen waren, wurden sie alsbald ersetzt durch tausende verschleppte Afrikaner, die auf den Zuckerrohrplantagen ein Leben zu bewältigen hatten, das als solches nicht zu bezeichnen war – ein unaufhaltsamer Kreislauf der Ausbeutung entstand, wobei sich die Gewinne der Plantagenbesitzer von Jahr zu Jahr maximierten. Da der Aufwand der für die Sklaven anfallenden Unterhaltskosten so gering wie möglich zu halten war, dienten die Abfälle der Zuckerproduktion als »feste« und die mit Wasser und Fasern versetzte vergorene Melasse, eine Art Zuckerrohrwein, als »flüssige« Nahrung.

Bald erkannten die Plantagenbesitzer die berauschenden Wirkung, welche dieses Getränk auf ihre Sklaven hatte, und recht bald war ihr Interesse an diesem »Abfallprodukt« geweckt. Erfolgreich probierten sie die ersten Brenntechniken aus, die Anfang des 17. Jahrhunderts in Europa zur Herstellung von Bränden entwickelt und kurz darauf in die Neue Welt exportiert worden waren. Die nun folgenden Produktionsvorgänge gestalteten sich zwar recht unterschiedlich, aber bei allen erzeugten Destillaten war das gemeinsame Ausgangsprodukt zu erkennen, auch wenn sich die jeweiligen Geschmacksnoten keineswegs identisch darstellten.

Nachdem britische Seestreitkräfte im Jahre 1655 das zum spanischen Kolonialreich gehörende Jamaika erobert hatten, weckten in der Folgezeit die neuen Destillate ein reges Interesse bei der ›Royal Navy‹, und binnen kurzem lernten die Seeleute den Vorläufer des heutigen Rums kennen. Schnell erkannten Offiziere und Matrosen den Nutzen dieses neuartigen hochprozentigen Getränks, das, gemischt mit dem Saft von Limonen, die Besatzung regelrecht »immunisierte«. Vergessen waren schon bald jene gefürchteten Krankheiten, die bis dato durch verdorbenes Bier und brackiges Wasser verursacht worden waren. Die spürbare wie nachhaltige Folge: Der Rum wandelte sich relativ rasch vom Sklavengetränk zum bevorzugten Lebenselixier der Seeleute.

Schon in den ersten Jahren danach entwickelte sich in puncto Rum ein großer Markt mit regem Handel. Gelangten gegen Ende des 17. Jahrhunderts gerade einmal etwas mehr als zweihundert englische Gallonen Rum in das Vereinigte Königreich, waren es rund hundert Jahre später bereits fast zwei Millionen. Ein grausames Roulette begann: Menschen aus Afrika wurden gegen fertige Güter (Zucker, Rum, Metall) oder gegen Rohstoffe wie Melasse verkauft oder getauscht. Mit den Gewinnen entstanden Städte wie Liverpool und Bristol in England, Nantes und Bordeaux in Frankreich, Newport auf Rhode Island. Auch weiterhin sorgten die in der Karibik errichteten Plantagen und Destillerien für einen nie versiegenden Nachschub an Zucker und Rum.

Die Rum-Herstellung

Nach einer Wachstumsperiode von circa zwölf Monaten hat die Zuckerrohrpflanze eine Höhe von bis zu sechs Metern erreicht. Die unteren zwei Drittel haben den stärksten Zuckergehalt und sind am geschmackvollsten. Während man den oberen Teil zur Rekultivierung für die nächste Pflanzung verwendet, wird das geerntete »Bourbon Cane« in gegenläufigen Walzen gequetscht und gerissen. Der auf diese Art gewonnene gepresste Zuckerrohrsaft wird gekocht, bis er eindickt. Jetzt beginnt die Arbeit der Zentrifuge: Sie trennt den auf der Oberfläche entstehenden Zucker vom Restsaft. Ergebnis ist die zähe und mit Trübstoffen versehene Melasse, das Ausgangsprodukt für die meisten Rum-Sorten. Diese Melasse wird mit Wasser verdünnt, mit Rückstoffen aus vorangegangenen Brennvorgängen, dem so genannten »Dunder«, angereichert, mit beim Kochen von Zucker entstehenden Schaum (»Skimmings«) versetzt sowie mit Hefekulturen und eventuellen Aromen vergoren.

Der Gärvorgang, bei dem sich der Zucker in Alkohol und Kohlendioxyd spaltet, ist nach circa zehn Tagen abgeschlossen. Erst jetzt kann mit der eigentlichen Destillation begonnen werden.

Beim ›Rhum Agricole‹, überwiegend hergestellt in den französischen Übersee-Departements der Karibik, wird der frische Zuckerrohrsaft sofort nach dem Pressen mit Hefen versehen und vergoren. Als Destillationsmethode dient meist die im 19. Jahrhundert entwickelte »Kontinuierliche Destillation«, bei der teilweise, etwa auf Jamaika, noch alte Kupferblasen (»Pot Stills«) verwendet werden. Verlässt das Destillat nach dem ersten Brennvorgang die Brenneinheit mit circa 70 Volumprozent Alkohol, kann es in der zweiten Brennstufe sogar bis maximal 95,58 Volumprozent gebrannt werden.

Das entstandene Konzentrat wird je nach Vorgaben der einzelnen Hersteller mit Wasser verdünnt und anschließend in Stahl- oder Holzfässern gelagert. Als Holzqualitäten bevorzugt man vor allem Bourbon-Fässer aus Nordamerika, Limousin-Eichenfässer aus Frankreich und Sherry-Fässer aus Spanien. Zwar existieren keine Vorschriften für eine Mindestlagerzeit, aber einen ›Light Rum‹ lagert man in der Regel etwa sechs Monate, während gute Premium-Qualitäten über ein Jahrzehnt und Spitzen- oder Jahrgangsqualitäten durchaus über mehrere Jahrzehnte lagern – und so ist jede Destillerie stolz auf ihren ›Anejo‹, ihren ›Gran Reserva‹ oder ihren ›Rhum Vieux‹.

Ein Wort zum Reifeprozess: Im feuchten und heißen Klima der Tropen reift der Rum etwa zweimal so schnell wie ein Cognac in Frankreich und vier- bis fünfmal so schnell wie ein ›Single Malt‹ im kühlen Schottland. Ein weiteres Wort zur braunen Farbe: Sie ist sowohl auf die Lagerung im Fass als auch – bei der Verblendung unterschiedlicher Qualitäten – auf die Zugabe von Zuckercouleur zurückzuführen.

Nach dem Abfüllen verdünnt man den Rum normalerweise mit Wasser auf die gesetzliche Trinkstärke. »Original-Rum« wird immer im Herstellungsland produziert und abgefüllt und bleibt im Vertriebsland unberührt; seine Trinkstärke liegt bei bis zu 81 Volumprozent. Ein »Echter Rum« wiederum ist ein Original-Rum, dessen Trinkstärke an die Gesetzgebung des jeweiligen Bestimmungslandes angepasst ist; er wird nach dem Abfüllen mit der Herkunftsbezeichnung auf den Markt gebracht. »Rum-Verschnitt« schließlich enthält mindestens 5 Prozent Original-Rum, zudem Trinkalkohol und Wasser, Aroma und Farbstoffe. Bleibt noch der »Kunst-Rum« zu erwähnen, der ausnahmslos aus Essenzen gefertigt wird.

Weltweit zählt man um die fünfzehnhundert Rum-Destillerien mit rund sechstausend Abfüllungen. Wenn auch die Karibik zweifellos als die Geburtsstätte des Rums gilt und die bekanntesten Marken dort beheimatet sind, so werden die größten Mengen dieser Spirituose auf den Philippinen produziert, gefolgt von Indien.

Mittlerweile genießen zahlreiche Connaisseure die herrlichen Aromen und schwelgen in der atemberaubenden geschmacklichen Vielfalt des Rums. Für sie gibt es nichts Schöneres als die Gaumenlust, die ein wundervoller Rum zusammen mit einer herausragenden handgerollten Cigarre bereitet.

Eugen Kasparek

Henry Morgan: Pirat, Trunkenbold und Gouverneur

Henry Morgan steht heute für eine der bekanntesten Rum-Sorten (›Captain Morgan‹), wobei dieser Henry Morgan nie ein Rum-Produzent war, sondern einer der wüstesten Trunkenbolde und einst der gefürchtetste Pirat in der Karibik des 17. Jahrhunderts. Er begann sein Unwesen als ein von der englischen Krone legitimierter Freibeuter zu treiben, der gegen spanische Schiffe auszog, sie kaperte und die Beute mit der englischen Admiralität teilte.

In diesen Jahren war Henry Morgan so erfolgreich, dass er ein stattliches Vermögen auf die Seite schaffen konnte, war indes auch von einer ordentlichen Portion Gier und Habsucht beseelt und kämpfte – da war sein Rum-Konsum schon legendär – nach dem Friedensschluss zwischen England und Spanien fleißig weiter, plünderte und mordete auf eigene Rechnung und soll auch die eine oder andere englische Schiffsbesatzung »geschliffen« haben. Im Jahre 1671 nach einem gigantischen Raubzug gegen Panama auf Jamaika verhaftet, wurde ihm anschließend in England der Prozess gemacht. Schon 1674 wurde Morgan – vermutlich zu Unrecht – begnadigt und zum Ritter geschlagen. Zudem bekam er zuerst den Vize-Gouverneursposten, später den eines Gouverneurs und Richters der Admiralität von Port Royal auf Jamaika.

Von Trunksucht und schlechtem Gewissen gebeutelt, vermachte »Sir« Henry Morgan einen großen Teil seiner erbeuteten Schätze der Kirche und mauserte sich in seinen letzten Lebensjahren zu einem gefürchteten Piratenjäger. Es bleibt ein Rätsel, ob er im Jahr 1688 an einer seiner vielen Geschlechtskrankheiten oder an Leberzirrhose starb. Menschelnder Vermerk am Rande: Es existiert ein Testament, in dem er alle seine Greueltaten gesteht und um Vergebung bittet.

*

Übrigens: Der gefürchtete Pirat war angeblich ein miserabler Seemann, der zwar jede Menge Häfen und Städte eroberte, aber keine einzige reine Seeschlacht gewann, sondern, ganz im Gegenteil, mehrere Schiffe durch Navigationsfehler und andere Missgeschicke verlor. Ob da wohl die eine oder andere Gallone Rum im Spiel war?

Rum & Cigarren:
Die Top-5-Kombinationen

1990 Plantation. Guyana
&
El Rey del Mundo Choix Supreme.
Kuba

Dieser Rum eines unabhängigen Abfüllers ist für einen gereiften Guyana-Rum sehr hell und reserviert, ja filigran und erinnert ein wenig an einen leichten, jungen Cognac. Die zarten Aromen sind belebend und in sich komplex, floral und frei von jeder Unreinheit. Mit einer Cigarre genossen ist zwar keinesfalls eine süße, schwere Einheit zu erwarten, aber trotzdem empfiehlt sich eine charaktervolle Kandidatin wie die ›Choix Supreme‹, die einen heißen Liebeskampf entfacht und den Kavalier fordert. Durch die kubanische Kraft und die stringente Eleganz ein anspruchsvolles Kapitel für einen warmen Mittsommernachtstraum.

Bacardi 8 Años. Bacardi, Bahamas
&
Bock y Ca. Perla.
Dominikanische Republik

Die Fledermaus ist das Symbol für die bewegte Markengeschichte des Familienunternehmens ›Bacardi‹ und für viele Rums und Mixgetränke in der Barszene, aber auch für diesen hervorragenden, geradlinigen Rum mit hohem Wiedererkennungswert und einer wunderbaren Stringenz, der diese kleine, fast verletzliche und doch sensorisch auffällig wertige Cigarre so schön begleitet. Die beiden schließen nach dem ersten Zug Freundschaft und harmonieren bis ins würzige Finale miteinander. Zu genießen mit den Füßen im Sand, dem Sonnenuntergang im Augenwinkel und einer fremden Hand im salzigen Haar.

EL DORADO 15 YEARS OLD. DEMERARA
DISTILLERS, GUYANA
&
AVO UVEZIAN 22.
DOMINIKANISCHE REPUBLIK

RON ZACAPA 23 ETIQUETA NEGRA.
RON ZACAPA, GUATEMALA
&
BARON ULLMANN DON PACO ESPECIAL.
DOMINIKANISCHE REPUBLIK

Der ultimativ süß-würzige Rum, der wie Balsamico im Glas liegt und seinen betörenden Duft verströmt, gilt als »Benchmark« für Guyana-Rum und ist ein bekannter Favorit unter den Cigarrenbegleitern. Wenige passen nicht zu ihm, aber kaum eine passt so gut wie die zum Verkostungstermin neun Jahre alte ›22‹ vom Grandseigneur der Cigarre mit der Liebe zur Pianomusik. Malzig-schokoladige Cremigkeit bindet sich in den Rum-Geschmack ein, und die Würzigkeit sowie der edle, antike Rauch ergänzen sich zu einem großartigen Geschmacksmoment. Dann erklingt Frank Sinatras *Strangers In The Night* aus der Ferne, und das Kreuz des Südens schimmert am Firmament.

Seit einigen Jahren macht dieser Rum die Cigarrenwelt ganz verrückt. Opulente Süße und ein exorbitant langer Nachhall machen ihn zu »Everybody's Darling«. Er begleitet vom honduranischen »Quicky« bis zur kubanischen ›Double Corona‹ fast alle braunen Schönheiten hervorragend. Gibt man ihm eine mittelkräftige, sich langsam, aber stringent steigernde Cigarre, die mit Kraft und Fülle genauso gesegnet ist wie mit fein-fruchtigen und männlich-herben Aromen, also beispielsweise die größte Cigarre aus der Kollektion der Marke ›Baron Ullmann‹, kann man aus dem Prädikat »sehr gut« ein »unvergesslich« machen. Diese Kombination ist obendrein fast immer gut platziert – sei sie am Nachmittag nach einem erfolgreichen Arbeitstag oder zu späterer Stunde nach einem großen, festlichen Dinner genossen.

Appleton Estate Extra, 12 Years Old. Wray & Nephew, Jamaika
&
Arturo Fuente Gran Reserva Torpedo. Dominikanische Republik

Jamaika pur ... Dieser Rum riecht schon nach Tabak, und daneben tauchen viele Gewürze und Fruchtaromen auf. Am Gaumen erscheint er sehr ausgewogen, komplex und stabil. Schokolade und süße exotische Früchte machen es der Cigarre leicht, sensorisch »anzulegen«. Die ›Fuente‹, die sich mit einem schönen Cameroon-Deckblatt zeigt und mit deutlichen Kaffeearomen aufwartet, überzeugt mit jedem Zug mehr, während sich der Rum wie eine Festung von Henry Morgan behauptet. Eine Kombination, um sich ein paar Gläser lang daran festzuhalten. Rum macht glücklich!

Brandy

At it's best: Brandy de Jerez

*»Der Brandy gibt mir vieles –
mehr, als der Brandy von mir bekommt ...«*

Einer der größten Staatsmänner des zurückliegenden Jahrhunderts hat das gesagt. Winston Churchill musste es wissen, war doch neben Cigarren und Whisky der Brandy seine dritte große Leidenschaft.

»Brandy« heißt nicht mehr als »Branntwein aus Weintrauben« oder eben »Weinbrand«. Überall auf der Welt, zumindest dort, wo Wein wächst, wird auch Wein zu Branntwein destilliert. Dementsprechend sind in allen Ländern der gemäßigten Breitengrade verschiedene Brandys im Angebot. Während der bekannteste Weinbrand sicher der französische Cognac ist, der aber eben unter dem Namen »Cognac« und nicht unter der Bezeichnung »Brandy« verkauft wird, bleibt der wohl populärste Brandy, der auch so genannt wird, der spanische.

Auf der gesamten Iberischen Halbinsel wird Brandy produziert. Das nur als Notiz, denn der beste kommt aus einer Region, in dem die Kunst des Weinbaus in Perfektion betrieben wird: aus Andalusien. Das Wissen, wie man Alkohol destilliert, kam mit den Mauren, die lange Zeit in dieser Region herrschten, dabei auch Kunst und Kultur nach Südspanien brachten. Zwar durfte die islamische Bevölkerung keinen Alkohol trinken, doch wurde er für medizinische Zwecke und zur Parfumbereitung genutzt.

Die Herrschaft der Mauren verging, aber ihr Wissen überdauerte die Jahrhunderte.

Heute ist das »Sherry-Dreieck« nicht nur die Wiege der Sherry- sowie der Brandy-Herstellung, sondern »Brandy de Jerez« gilt als Synonym für tiefe, süße Branntweine weltweit und ist zudem als besonders guter Cigarrenbegleiter bekannt. Der Legende nach war allerdings ein Zufall für die Herstellung des ersten echten Brandy de Jerez verantwortlich ...

Pedro Domecq Lustau und der bankrotte Holländer oder Die Geburtsstunde der heutigen Brandy-Klassiker

Wie bei jedem Spirituosen-Klassiker ranken sich auch um die Entstehung des spanischen Brandys mehrere Geschichten. Eine davon handelt von Pedro Domecq Lustau, der im 19. Jahrhundert in Jerez de la Frontera eine Weinhandlung betrieb. Zu jener Zeit wurden Weine für den Transport durch den Zusatz von höheralkoholischen Destillaten haltbar gemacht.

Die Legende besagt, dass Pedro Domecq Lustau von einem holländischen Händler den Auftrag erhielt, fünfhundert Fässer eines ›Holanda Alquitara‹ genannten Destillats herzustellen. Jedes Fass hatte ein Volumen von fünfhundert Litern, und für die Herstellung von einem Liter Destillat wurden sieben bis neun Liter des Grundweins benötigt. Der Fertigungsprozess war also überaus aufwändig, und man kann sich vorstellen, dass einige Zeit ins Land gegangen war, bis alle Fässer gefüllt und fertig zum Abtransport waren.

Als es endlich so weit war, war der holländische Händler mittlerweile zahlungsunfähig geworden. Was tun? Pedro Domecq Lustau war Pragmatiker: Er nahm die Fässer, legte sie in das Lagerhaus der Bodega und suchte nach einem neuen Käufer. Doch die Zeit verfloss, ohne dass sich ein solcher fand.

Was ein Desaster zu werden schien, entpuppte sich am Ende als Glücksfall für den Brandy: Zur Lagerung der ›Holandas‹ hatte man gebrauchte Sherry-Fässer verwendet, die nun langsam den Charakter des Sherrys an das frische Destillat übertrugen. Und zusätzlich gaben sie dem ursprünglich hellen Destillat auch seine leuchtend dunkelgoldene Farbe. Eine neue Spirituose war entstanden. Schon im Jahre 1874 wurde sie unter dem Markennamen ›Fundador‹ in den Verkauf gebracht.

Jürgen Deibel

Von Holandas und Destilados – und einer Barbarei

Brandy de Jerez – beim Gedanken an diesen edlen Tropfen aus dem südlichen Andalusien wird der Speichelfluss so manchen Connaisseurs augenblicklich angeregt. Brandy de Jerez – das ist die Quintessenz sehr guter Grundweine, sorgsamer Destillation, traditioneller Reifeverfahren und strenger Kontrollen. Und dennoch gleicht keine der großen bekannten Marken der anderen.

Basis für den Brandy de Jerez sind sorgfältig ausgewählte, trockene und gehaltvolle Weine aus bewährten spanischen Anbaugebieten. Sie werden in den Kellereien zu ›Holandas‹ und ›Destilados‹ destilliert. Die ›Holandas‹, die niedrigprozentigen Destillate, sind reich an Geschmacks- und Aromastoffen und bilden somit die eigentliche Grundlage für den Brandy de Jerez, wobei sich ein jeder Kellermeister vorbehält, auf welche Weise er die ›Holandas‹ mit den höherprozentigen ›Destilados‹ mischt. Der Rohbrand wird dazu in große Eichenholzfässer gefüllt, welche in kathedralenähnlichen Lagerhallen, den Bodegas, aufgereiht sind. Die Fässer – sie sind aus amerikanischer Eiche – dienten zuvor, wie gesagt, der Herstellung von Sherry und prägen so den Geschmack eines jeden Brandys ganz individuell.

Auf der Iberischen Halbinsel genießt man traditionell einen Brandy de Jerez nach dem Essen, und zwar meist in Verbindung mit einer Tasse starken Kaffees. Die andalusischen Kellermeister empfehlen, Brandy aus einem Ballonglas mittlerer Größe zu trinken. Dabei hält man das Glas so in der Hand, dass die gesamte Flüssigkeit, lediglich »getrennt« durch das Glas, mit der offenen Handfläche in Berührung kommt. Die auf diese Weise um wenige Grad erhöhte Temperatur des Brandes sorgt dafür, dass sich das Aroma optimal entfalten kann. Als »Barbarei« sehen es die Kellermeister hingegen an, wenn der Brandy im Glas über einer Flamme erwärmt wird oder das Glas vor dem Einschenken zu heiß ausgespült worden ist – eine Unsitte, die früher in der gehobenen Gastronomie regelrecht zelebriert wurde. Durch eine zu hohe Temperatur, so die erfahrenen Kellermeister, werde die jahrelange sorgfältige Arbeit zerstört, seien Harmonie- und Aromaverlust die Folge.

Eine besondere Tugend des Brandy de Jerez ist der lang anhaltende, intensive Geschmack, der am Gaumen eine Fülle köstlicher Aromen hinterlässt. Zunächst wird ein langsamer, langer Schluck genommen. Der Genießer wird so auf die besonderen Geschmackseigenschaften, das Bouquet und den Körper des Brandys vorbereitet. Danach kann er mit dem nun angepassten Gaumen und seinem Geruchssinn weiter kosten.

Grosse Bodegas

Ursprünglich bezeichnet man in Spanien mit »Bodegas« die großen Kellergewölbe, in denen die reifenden Fässer gelagert werden, aber auch kleine Weinstuben werden Bodegas genannt – und nicht zuletzt die Weinkellereien. Einige von ihnen haben einen besonders guten Klang, wenn es um die Brandy-Herstellung geht …

González Byass

Der Name des Unternehmens ›González Byass S.A.‹ geht auf den Urheber Don Manuel María González Ángel sowie auf Robert Blake Byass zurück, der sich kurz nach der 1835 erfolgten Gründung an der noch jungen Bodega beteiligte. Zur Produktpalette von ›Gonzáles Byass‹ gehört unter anderem der ›Soberano‹, der in Spanien meistverkaufte Brandy.

Bodegas Domecq

Der Franzose Pierre de Domecq legte 1730 mit der Eröffnung eines Geschäfts in Jerez den Grundstein für das rasch expandierende Unternehmen, das schließlich mit seinen Brandys bis zum königlichen Hoflieferanten aufstieg. Im Jahre 1922 wurde der seit langer Zeit überaus geschätzte und beliebte (und weltweit nachgefragte) ›Carlos I Solera Gran Reserva‹ erstmals abgefüllt.

Williams & Humbert

Die ›Bodegas Williams & Humbert S.A.‹ wurden 1877 von zwei Briten gegründet: von Sir Alexander Williams, einem famosen Kenner der Produkte aus Jerez, und Arthur Humbert, einem Ökonomen, der sich auf internationale Wirtschaftsbeziehungen spezialisiert hatte. Das berühmteste Produkt des Unternehmens ist jedoch

kein Brandy, sondern der Sherry-Klassiker ›Dry Sack‹, der seit 1905 hergestellt wird. Die Trauben für die Brandy-Herstellung stammen zum Teil aus den eigenen fünfhundert Hektar Rebflächen, die im Laufe der Zeit erworben wurden.

Osborne

»El Toro«, das Wahrzeichen von ›Osborne‹, prägt in Form von riesigen, in die Landschaft gesetzten stählernen Stieren die kargen, heißen Landstriche Südspaniens.. Auch die 1772 erfolgte Gründung dieses mittlerweile weltweit bekannten Unternehmens, welches zudem Sherrys und andere Weine produziert, geht auf einen Engländer zurück: Thomas Osborne Mann.

»Die sanfte Glut Andalusiens«

So nennen die Spanier den Brandy de Jerez aus dem Gebiet um die Stadt Jerez de la Frontera im Südwesten Andalusiens. Dort reift er in Fässern im Solera-Verfahren vom klaren Destillat zum weichen und aromatischen Endprodukt. Doch was macht diesen Brandy so besonders, und was verbirgt sich hinter dem Begriff »Solera-Verfahren«?

Der Reifungsprozess eines Brandy de Jerez erfolgt ausschließlich in diesem Verfahren. Sein Merkmal: Es werden regelmäßig Destillate vermischt. Das hierbei angewendete System ist als typisches Reifeverfahren für Sherry und Brandy de Jerez bekannt: Aus mehreren – die Regel sind sechs bis acht – übereinander liegenden Fassreihen wird, von unten beginnend, nur knapp ein Drittel für die Abfüllung entnommen. Die fehlende Menge ersetzt man aus der nächsten Reihe und so weiter. In die oberste Fassreihe wird dann frisches Destillat nachgefüllt. Fünf- bis sechshundert Liter beträgt das Aufnahmevolumen dieser Fässer, »Botas« genannt, deren

Nutzungsdauer nicht selten hundertfünfzig Jahre beträgt. Mit Hilfe des beschriebenen Verfahrens werden somit Eigenschaften und Charakteristik des länger gelagerten auf den nachrückenden Brandy übertragen. Daraus resultiert ein Produkt, das Flasche für Flasche und Jahr für Jahr garantiert eine gleich bleibende Qualität bietet.

Genau wie Cognac nicht gleich Cognac ist, so ist Brandy noch lange nicht gleich Brandy. Auch hier gibt es verschiedene Qualitäten, nach denen klassifiziert wird. Die Qualitätseinstufung der Brandys aus dem Sherry-Dreieck:

- Brandy de Jerez Solera. Brandys dieser Qualität reifen durchschnittlich achtzehn Monate.

- Brandy de Jerez Solera Reserva. Güteklasse mit einer durchschnittlichen Reifezeit von drei Jahren.

- Brandy de Jerez Solera Gran Reserva. Die Brandys dieser Premium-Kategorie reifen durchschnittlich acht Jahre, meist jedoch zehn bis fünfzehn Jahre und länger.

Wie der Tabak nach Spanien kam

Die Tradition der Cigarre in Andalusien ist fast sogar noch älter als die des Brandys. Kaum hatten die Christen im Rahmen der Reconquista die Mauren von der Iberischen Halbinsel vertrieben, machte man sich auf, um Ende des 15. Jahrhunderts als selbst erklärte Seefahrernation die Weltmeere zu bereisen und neue Seerouten zu erforschen. Schon von seiner ersten Fahrt, die ihn ja bekanntermaßen eigentlich nach Indien führen sollte und auf der er in der heutigen Karibik die »Neue Welt« entdeckte, brachte Christoph Kolumbus Tabakblätter mit nach Spanien zurück. Obgleich selbst dem blauen Dunst nicht frönend, hatte er die ersten »Aficionados« an Bord, denn die Angewohnheit der karibischen Ureinwohner, den Rauch der bis dahin unbekannten Pflanze zu »trinken«, hatte mehrere Mitglieder seiner Mannschaft in ihren Bann gezogen. Unter ihnen war auch der junge Offizier Rodrigo de Jerez. Zurück in Spanien, brachte er der damaligen High Society bei, wie die Blätter in der Karibik gebündelt und geraucht wurden.

Das Tabakrauchen wurde sehr schnell angenommen, und auch die adlige spanische Gesellschaft kam diesem neuen Laster mit wachsender Begeisterung nach, wohingegen die Kirche mit der brennenden Glut in den Mündern ihrer Schäfchen genauso wenig zurecht kam wie mit dem Ausstoßen von Rauch aus Mund und Nase. Dieses Teufelswerk war unheimlich und gotteslästerlich. Die Kirche verbannte den Genuss der ersten Cigarren in Europa in den Bereich der sündigen Taten, und die Inquisition kümmerte sich eingehend um jeden Raucher, der so unvorsichtig war, sich erwischen zu lassen. Auch Rodrigo de Jerez, der so mutig seiner Leidenschaft nachkam, dass es ihm widerstrebte, sich beim Rauchen zu verstecken, wurde Anfang des 16. Jahrhunderts in den Straßen von Sevilla beim »Tabaktrinken« gesehen, denunziert – und verschwand in den Kellern der Inquisition. Eine andere Version der Geschichte, nach der seine Frau ihn angezeigt hatte, ist nicht bestätigt und sicher überzogen.

Schon hundert Jahre später wurden die besten kubanischen Tabake nicht nur an den spanischen Königshof, sondern auch für die Bischöfe und Kardinäle auf die Iberische Halbinsel gebracht. Die Angst der Gottesmänner vor dem Rauch war offensichtlich besiegt – es brach ein Zeitalter des unbeschwerten Tabakgenusses an.

Fast alle Brandys sind recht kompatibel mit Cigarren zu genießen. Schon die relativ einfachen, die nur wenige Monate im Holzfass verbracht haben und ihre alkoholische Grundstimmung gerne in einem Cocktail oder in einer Tasse Kaffee einbringen, können pur, als ›Brandy Alexander‹ oder als ›Carachillo‹ schön mit Rauch harmonieren. Je länger der Brand im Holzfass verweilt und je süßer der Grundton der Fässer ist, umso weicher und mundfüllender wird das Getränk. Man sollte aber keineswegs nach der Devise »viel hilft viel« immer zum süßesten Brandy greifen, der verfügbar ist. Eine gewisse Intensität ist natürlich nötig, um wirklich gut mit dem Cigarrenrauch zu harmonieren, aber andererseits kann eine zarte Cigarre, die vielleicht eher einen schlanken Begleiter sucht, schnell überfordert werden. Umso schöner ist es, dass man in der ganzen Bandbreite der Brandys de Jerez so gut wie immer fündig wird. Je ausdrucksstärker die Cigarre, desto süßer darf der Brandy sein – allerdings gehört manchmal schon ein ganzes Männerherz dazu, eine in diese Richtung gehende Kombination auch wegzustecken.

Spanische Brandys & Cigarren: Die Top-5-Kombinationen

Carachillo de Brandy de Jerez & The Griffin's Short Robusto. Dominikanische Republik

Diese Variante*, einen süßen, schweren Brandy de Jerez zu trinken, bietet Cigarrenfreunden die Möglichkeit, ihren favorisierten Vertreter dieser Gattung in einem »Wachmacher« ganz besonderer Machart und Qualität wiederzufinden und gleichzeitig mit einer guten Cigarre schöne Momente herbeizuführen. Es empfiehlt sich die ›Short Robusto‹ von ›Griffin's‹, eine helle, nicht zu kräftige Cigarre, die sich mit diesem starken Getränk nicht anlegt, sondern es elegant flankiert.

Gran Duque d'Alba. Bodegas Williams & Humbert & La Libertad Lonsdale. Honduras

Die schlanke, lange Cigarre will bewusst geraucht werden, und mit ihrer frühen Würze und ihrer präsenten Schärfe verlangt die ›La Libertad‹ deshalb einen Begleiter, der sich schmeichelnd um sie kümmert. Mit der weichen, warmen Holznote und dem gut in tiefe Süße verpackten Alkohol ergibt sich ein ganz besonderes Zusammenspiel. Obwohl die beiden miteinander schon sehr harmonisch und aromatisch interagieren, lassen sie noch Platz für einen kleinen Espresso oder ein Stück Schokolade. Eine hinreißende Winterkombination.

---

* Man gebe zunächst zwei bis vier Zentiliter Brandy de Jerez nach Wahl in ein kleines, dickwandiges Tumblerglas, das vorher unter Wasserdampf erwärmt wurde. Anschließend brenne man vorsichtig und vor allem nicht zu lange den Alkohol ab, der dem Kaffee nicht allzu stechend im sensorischen Weg stehen sollte. Dann reibe man den Glasrand mit einem Stück Zitrone ab und gieße den Brandy mit Espresso oder starkem Kaffee auf. Zuletzt süße man das Ganze großzügig.

Cardenal Mendoza.
Sánchez Romate Hnos. S.A.
&
Cohiba Maduro 5 Secretos.
Kuba

Ein unglaublich eindrucksvoller Brandy mit vielschichtigem Duft, der tief mahagonibraun und schwer im Glas liegt, Dementsprechend braucht er auch einen Partner mit Eleganz. Die kleinste Cigarre aus der prestigeträchtigen Cigarrenfamilie ›Cohiba Maduro 5‹ ist die vorerst zugänglichste aus ihrer Serie. Sie trägt tiefe Würze, aber auch Finesse in die Kombination. Ihr pfeffriger Rauch mit dunkler Frucht und langem Nachhall integriert sich sehr gut in die Wucht und Süße dieses großen Brandys und beschert ein kurzes, intensives Zeitfenster mit hohem Erinnerungswert.

Conde de Osborne.
Bodegas Osborne
&
C.A.O. Criollo La Mancha.
Nicaragua

Die Vanillesüße mit leicht salzigem Grundcharakter und die an getrocknete Pflaumen und Rosinen erinnernde Fruchtigkeit des ›Conde‹ lässt sich sehr gut auf diese vollmundige und betörende Cigarre im klassischen Ringmaß ein. Der weiche, runde Charakter des Brandes mit der zarten Holznote und die fast rebellisch wirkende Knackigkeit und Würze der Cigarre ergeben ein überaus lebendiges Zwischenspiel und eine harmonische finale Vereinigung. Ein toller Moment exquisiten Rauchvergnügens.

Carlos I, Bodegas Domecq
&
Romeo y Julieta Hermoso № 4,
Kuba

Der satt bernsteinfarbene Brand mit seinen goldenen Reflexen schreit nach einer klassischen Cigarre mit großem Ringmaß. Zu bevorzugen ist diese ›Robusto‹ aus der 50er Cabinet-Kiste mit mindestens zwei Jahren Reifezeit. Deren feine Röstaromen und die zartbittere Kakaosüße passen grandios zu den Nussaromen und der deutlichen Sherry-Note des Brandys. Die Würze der Cigarre und die Holznoten erzeugen einen komplexen Nachklang, voll und ausgewogen.

Edelobstbrände

Von edlem Obst, feinsten Bränden und heiligen Geisten

»Also, meine Herren … a l'attaque!«

Was es mit diesem Satz auf sich hat? Davon später mehr. Nur so viel sei jetzt schon verraten: Hier bewegen wir uns auch nicht im entferntesten Sinne auf militärischem Gebiet, sondern haben es mit einer gehörigen Portion Lebensqualität zu tun.

Etwas ganz besonders Schönes oder herausragend Gutes zu konservieren ist immer ein großes Ziel der Menschheit gewesen, ist tragender Teil eines kreativen Drangs, der schon zu Urzeiten unsere Vorfahren dazu brachte, ihre Riten weiterzugeben, ihre großen Taten auf Höhlenwände zu malen und nicht zuletzt ihre Toten zu bestatten, auf dass sie nicht vergessen würden.

Das reine, klare Aroma der Früchte des letzten Sommers zu konservieren, sei es in Form eines Destillats oder eines Geistes, ist deshalb mehr als die Herstellung eines berauschenden Getränks, auch mehr als die Pflege einer artesanalen Kunst. Es ist die Inkarnation des schöpfenden Gedankens, der nicht nur produziert, um zu überleben, der sich nicht nur darstellt, um sich selbst zu definieren, sondern der bewahren möchte, was ihm wertvoll, ja heilig erscheint.

Die große Kunst der Destillation war schon unter phönizischen Seefahrern bekannt, die auf diese Art ihr Trinkwasser genießbar machten. Später nutzten maurische Alchimisten die Destillation zur Herstellung von medizinischem Alkohol, während Parfumhersteller sie zur Konservierung edler Düfte einsetzten. Die lange Präsenz der Mauren auf der Iberischen Halbinsel dürfte diese Kunst schließlich auf den europäischen Kontinent gebracht haben, die sich dann relativ schnell über Frankreich sowohl nach Nord- als auch nach Osteuropa verbreitete.

Vom knackigen Obst zum edlen Tropfen

Die traditionelle Herstellung von feinen Obstlern, edlen Obstbränden und -geisten beruht – wie bei allen Dingen, die schön, gut und wertig sind – auf vielen einzelnen Parametern. So verwenden alle nennenswerten Produzenten nur vollreifes und einwandfreies Obst, das nach dem Pflücken umgehend sorgfältig gewaschen und sortiert wird. Der beste Brennmeister kann aus schlechtem Obst – und somit minderwertiger Maische – keinen guten Brand herstellen. Fruchtige Brände können also nur entstehen, wenn im Ausgangsprodukt genügend Aroma vorhanden ist. Im Gegensatz zu Tafelobst spielt hier die Optik eine untergeordnete Rolle, vorausgesetzt, die Reife der Frucht und der sortentypische Geschmack leiden nicht darunter.

Man unterscheidet beim Obst zwischen Pflück- und Genussreife. Während beim Steinobst, also bei Kirschen, Mirabellen oder Zwetschgen, beide Reifegrade identisch sind, können die verschiedenen Vertreter des Kernobstes, also Äpfel, Birnen oder Quitten, noch Monate nachreifen. Wichtig ist natürlich ein möglichst hoher Fruchtzuckeranteil, um schon bei der Maischung einen recht hohen Alkoholgrad zu erreichen. Bereits beim Einmaischen muss direkt auf die Obstsorte eingegangen werden, das heißt, Kernobst, Steinobst und Beeren sind individuell zu verarbeiten …

Bei Kernobst ist eine stark zerkleinerte Maische günstig für die Gärung, da mehr Zellen aufgespalten werden und die Maische dadurch flüssiger wird. Dazu verwendet man Obstmühlen oder sogenannte »Muser«. Bei der Vermaischung von besonders trockenen Früchten, etwa von Quitten, ist oft eine Wasserzugabe notwendig, um Hohlräume in der Maische zu vermeiden, in denen sich Schimmel bilden könnte.

Steinobst wird nur gequetscht beziehungsweise gestampft, damit möglichst keine Steine zerschlagen werden. Die Steine, verantwortlich für eine Bittermandel-Geschmacksnote, enthalten an Zucker gebundene Aromastoffe, die sich aus dem intakten Stein langsamer herauslösen als aus einem aufgeschlagenen. Ob und wann die Steine entfernt werden, ist vor allem eine Aromafrage. Soll im fertigen Brand ein deutlicher Mandelton zu schmecken sein, werden die Steine in der Maische belassen, wenn jedoch der Mandelton fein und dezent zu sein hat, entfernt man die Steine nach Beendigung der Gärung. Ist kein Mandelton erwünscht, werden die Steine schon vor dem Einmaischen entfernt.

Um die Vergärung der Maische zu erreichen, müssen Hefen, Enzyme und Säuren, jeweils exakt abgemessen, zugegeben werden. Will man dagegen möglichst viel Fruchtaroma in den Brand bringen, brennt man das Destillat meistens unmittelbar nach dem Ende der Maischegärung.

Vom Brennen ...

Bei traditionellen Brennanlagen wird zweimal gebrannt. Dieses Verfahren nennt man »Doppelbrandverfahren« oder »Raubrand-« beziehungsweise »Feinbrandverfahren«. Beim ersten Brennvorgang werden Alkohol und diverse Aromastoffe von den festen Bestandteilen der Maische getrennt. Das Zwischenergebnis wird als »Raubrand« bezeichnet.

Während des Brennvorgangs werden in der Maische neue Aromastoffe gebildet, weshalb man den ersten Brennvorgang nicht zu schnell und auch nicht zu langsam vonstatten gehen lassen darf. Hier sind die ganze Erfahrung und auch die Geduld des Brennmeisters gefragt.

Wenn der Raubrand etwa 15 Volumprozent Alkohol erreicht hat, wird der Brennvorgang beendet. Es folgt der Feinbrand. Er wird durchgeführt, um den niedrigprozentigen Raubrand zu reinigen und den Alkoholgrad deutlich zu erhöhen. Der Brennmeister unterscheidet hier zwischen Vorlauf, Nachlauf und dem alles entscheidenden Mittellauf. Im Vorlauf sind die Aromen noch undefiniert, oft muffig, während der Nachlauf Fuselöle enthält und deshalb ebenfalls nicht verwendet wird. Bleibt der (so wichtige) Mittellauf, das Herzstück, im Französischen »chauffe cœur« genannt. Nur er wird verwendet, denn allein dieser Mittellauf enthält die reinen Aromen der Frucht.

Nach der Destillation schmeckt der Feinbrand noch wild und ungezügelt, weshalb man ihn vor der Herabsetzung auf Trinkstärke zum Reifen einlagert, ehe er letztendlich abgefüllt wird.

... UND LAGERN

Zunächst einmal: Zur optimalen Reifeprozedur ist neben einer gewissen Wärme auch Sauerstoff notwendig. Dann: Die Lagerungsdauer von hochprozentigem Feinbrand beträgt meist zwei bis vier Monate – oft empfiehlt sich eine noch längere Lagerung – in gut temperierten, dunklen Räumen. Zwar sind die Lagerbehältnisse je nach Herstellungsphilosophie unterschiedlich, doch vertrauen die meisten Brennereien auf Edelstahl- und Glasbehälter. Es gibt jedoch auch Brände, die im Holzfass gelagert werden. Sie nehmen eine bräunliche Färbung sowie die Aromen der verschiedenen Fassarten an. Neben den klassischen Eichenholzfässern verwenden innovative Produzenten je nach Vorliebe auch andere Holzarten.

Meist sind die Lagerbehältnisse nur zu circa 65 bis 75 Prozent gefüllt, damit auch (siehe oben) Sauerstoff mit einwirken kann. Bei der Lagerreife bilden sich somit neue Aromastoffe, wobei der Feinbrand seinen anfangs archaischen Geschmack verliert: Er wird milder, runder, harmonischer und somit geschmacklich erheblich verbessert. Da der Feinbrand mit 60 bis 75 Volumprozent nach dem Brennen sehr alkoholreich ist, wird er mit reinem und neutralem Wasser auf die sogenannte »Trinkstärke« zwischen 38 und 42 Volumprozent herabgesetzt. Brände mit mehr Alkohol schmecken sehr beißend, was sich, durchaus nachvollziehbar, negativ auf den Geschmack auswirkt, da die Alkoholschärfe die filigranen Fruchtaromen überdeckt. Hingegen wirken Brände mit weniger Alkohol oft ausdruckslos und leer.

Bei der Trinkfertigstellung lassen sich manchmal gewisse Trübungen nicht vermeiden. Diese Trübungen hängen natürlich stark von den Inhaltsstoffen des Brandes ab. Daher wird der Obstbrand zum Abschluss noch filtriert. Dazu wird der trinkfertige Obstbrand zunächst stark gekühlt, um danach die Filtrierung durch einen Mikrofilter vorzunehmen. Dieses Procedere garantiert die Klarheit eines Obstbrandes auch in gekühltem Zustand. Allerdings sollten hochqualitative Obstbrände immer bei Raumtemperatur genossen werden, da eine Kühlung dem Gaumen die Aromen vorenthält. Vor allem fassgelagerte Obstbrände, die sich zu Cigarren meistens noch besser darstellen als ihre klaren Brüder und Schwestern, brauchen Temperatur, um alle Aromen und Geschmäcker abgeben zu können.

Alles für die Lebensqualität

Freudenberg am Main: ein Fluss, eine Straße und ein Hotel, eher ein kleiner, sympathischer Gasthof, in dem sich abends die Dorfjugend trifft. Die Läden entlang der Dorfstraße wirken verstaubt. In diesem Örtchen erwartet man neben gutbürgerlicher Küche und handfester Herzhaftigkeit wenig Kulinarik, schon gar nicht solche Produkte, die man in den Gourmet-Tempeln im Fränkischen oder im Taunus oder in den nahen Großstädten Würzburg oder Frankfurt findet. Wäre da nicht jene am Hang gelegene, etwas nach oben versetzte Brennerei, die 1865 als Brauerei mit Brennrecht gegründet worden ist. Das Logo prangt, schon von Weitem erkennbar, an der Hauswand, und auch auf den schneeweißen Fahnen, die im Wind flattern, steht zu lesen: »Ziegler Edelobstbrennerei«.

Von hier aus begann der Feldzug für Genuss und reine Lebensqualität. Die feinen Brände und Geiste, Liköre und Essige gehen in die ganze Welt, sind in Amerika und Asien nicht aus den Top-Gastronomien wegzudenken, und das Flaggschiff, der ›Ziegler Wildkirsch No. 1‹, wird inzwischen als Paradebeispiel für deutsche Genussqualität bei internationalen Empfängen und Banketten serviert oder als Gastgeschenk überreicht.

Aber auch vor Ort findet Lebensqualität statt, denn hier regiert Alain Langlois, gebürtiger Franzose mit einem unübertreffbaren Faible für Genuss und die schönen und guten Dinge des Lebens. Monsieur Langlois hat alles, was einen Gentleman des 21. Jahrhunderts ausmacht: Motorräder und Oldtimer, mehrere gut bestückte Humidore, eine hinreißende Frau und Partnerin, Anteile an großen Weinvertriebsgesellschaften und obendrein eine ungebändigte Lebenslust sowie ein großes Vergnügen an Genuss und Geschmack. Mit der Unterstützung seines Brennmeisters stellt er wunderbare Produkte her und nimmt sich selbst in die Pflicht, Marke und Qualität hochzuhalten. Seit dreißig Jahren selbst mit Handel und Vertrieb von Wein und Spirituosen vertraut, setzt er auf direkten Kontakt und Sympathie. Als Lebenskünstler und Aficionado, Kuba-Kenner und Freund gereifter Cigarren hat Alain Langlois neben seinen klassischen Linien auch Cigarrenbrände im Sortiment, zuerst als Experiment und zum Eigenbedarf kreiert, mit langer Fasslagerung und weichen, runden Aromen. Denn »ich bin Schnapsbrenner und kein Sägewerksbesitzer« sagt er, wenn er jene Brände verkostet – die schon längst die Phase des Experiments hinter sich gelassen haben.

*

Übrigens: Am wohlsten fühlt sich Alain Langlois als Gastgeber in Freudenberg. Es kann also schon einmal vorkommen, dass eine Schnapsverkostung mit einem schallenden: »Also, meine Herren ... a l'attaque!« begonnen wird und er für Kunden und Freunde im Hof der Brennerei den Grill anwirft und ein paar Magnumflaschen Wein aus seinem Privatkeller holt, denn »Wein und Schnaps hab' ich genug«, sagt er dann mit einem Augenzwinkern. »Für die Lebensqualität ...«

Klare Edelobstbrände & Cigarren:
Die Top-5-Kombinationen

1994 Muskattraube. Gasser Trausner, Österreich
&
Baron Ullmann Torpedo. Dominikanische Republik

Der Wein, aus diesen Trauben gekeltert, hätte sich ganz sicher sehen, riechen und schmecken lassen, der Schnaps allerdings ist etwas ganz Besonderes: eine vollreife Nase, getragen von hellen, süßlichen Aromen, danach ein ehrlicher, scharfer Brand. Die ausgewogene ›Torpedo‹ der ›Baron Ullmann‹ harmoniert wegen ihrer leichten Süße und Balance bis zum letzten Drittel hervorragend. Viel Rauch um diesen ausgezeichneten Brand machen – das kann man am besten nachmittags oder spätabends nach einem guten Essen.

Meissner Sauerkirschbrand »Schattenmorelle«. Spezialitätenbrennerei Proschwitz, Deutschland
&
Carlos Toraño Cameroon 1916 Corona. Nicaragua

Die feine Sauerkirschnote in der Nase und ein sehr ausgewogener Brand am Gaumen, der zwar präsent, aber nicht beißend im Nachhall bleibt, freunden sich mit der satten Rauch liefernden ›Corona‹ sofort an. Der kräftiger werdende Rauch wird durch den klaren Brand immer wieder erfrischt und der Gaumen gereinigt. Die Cigarre legt sich nicht über die eindeutigen Aromen, sondern gesellt sich bestens dazu, und beide machen sich eine schöne gemeinsame halbe Stunde.

EAU DE VIE D'ANANAS. AVA,
TAHITI, FRANZÖSISCH-POLYNESIEN
&
COHIBA MADURO 5 MAGICÓS.
KUBA

APRIKOSENBRAND. ZIEGLER EDELOBST-
BRENNEREI, DEUTSCHLAND
&
MACANUDO RESERVA ANUAL 2006 SOL.
DOMINIKANISCHE REPUBLIK

Hier präsentiert sich die Sonne der Südsee und bietet einen sensorischen Sonnenuntergang vom Allerfeinsten, der seine 40 Volumprozent erst im Nachhall erkennen lässt. Bei so viel Volumen ist auch Platz für einen mächtigen Begleiter, der im ›Robusto‹-Format viel Rauch bringt und diesen Exoten wunderbar zur Geltung kommen lässt, ohne selbst aus der Ruhe zu geraten. Nach würzigem Essen oder in der Strandbar, auf jeden Fall aber im Hawaiihemd zu genießen.

Auch diese Kombination ist mit Helios' Gabe gesegnet – und dem Luxus der sehr genauen Auswahl. Für eine Flasche dieses Brandes werden 21 Kilo Aprikosen benötigt (Rosenmarillen vom Plattensee und aus der Steiermark). Die Tabakblätter für die 2006er »Sonnenedition« von ›Macanudo‹ sind ähnlich erlesen und geben der Cigarre ein wunderbar ausgereiftes und stabiles Aroma, in das die brillante Essenz der Frucht des Brandes noch einen Sonnenstrahl mehr zaubert.

Sie und Er. Brennerei Etter, Schweiz & Bock y Ca. Special Golden Edition Robusto. Dominikanische Republik

So wie sich Sie und Er in einer guten, lebendigen Partnerschaft mit ihren unterschiedlichen Eigenschaften zu einem harmonischen, aber stets spannenden Ganzen ergänzen, so bilden auch der Birnenbrand nach klassischer Façon sowie der Birnen-Fruchtband-Likör in der dekorativen Holzkiste ein perfektes Paar. Der Williamsbrand gefällt mit einem ehrlichen Nachhall, nicht zu feminin und trotzdem elegant. Der Clou an ›Sie und Er‹: Wem der Brand zu streng ist, der kann mit ein bis zwei Tropfen des Likörs Süße ins Glas zaubern, und wer gar keinen Schnaps mag, bedient sich des Likörs pur. Und echte Männer ... was soll's. Die ›Bock‹ steht hier für eine leichte, florale Cigarre, die jede Kombination aus dieser Schatzkiste »sackrisch guad« begleitet, ob beim Après-Ski oder im Sommer am Zürichsee.

Fassgereifte Edelobstbrände & Cigarren: Die Top-5-Kombinationen

1989 Alte Zwetschke XA. Brennerei Gölles, Österreich & Cuesta Rey Belicoso Nº 11. Dominikanische Republik

Mehr Kraft kann man in einen Obstbrand wahrscheinlich gar nicht bringen: rosinige Süße, an Rum und süßen Sherry erinnernde volle Noten und ein Tiefgang wie ein Kreuzfahrtschiff bei Nacht. Diesen uralten dunklen Brand mit einem Cigarrenkoloss zu begleiten wäre wohl die falsche Wahl. Die feine ›Belicoso‹ mit dem cremigen Rauch und der eingängigen Würze konterkariert die Macht des Brandes perfekt, bringt Eleganz ins Match und belebt den alten Haudegen.

Vieille Prune Barrique. Brennerei Etter, Schweiz & Cusano Cuvée Blanc Salomones. Dominikanische Republik

Dieser Brand überrascht im Glas durch eine lebendige Präsenz, viel leichter und verspielter als erwartet. Die Fruchtaromen erinnern an gerade gepflückte Pflaumen; herbstlich-helle sowie grasige und ätherische Noten spielen mit hinein. Diese Art fassgelagerter Brände darf nicht durch zu deutlich-männliche Aromen überlagert werden, und deshalb bietet sich als Partner die große, aber sehr leichte, florale ›Salomones‹ geradezu an.

Alte Traube Weinbrand XO La Donna, Brennerei Vallendar, Deutschland & Dannemann Artist Line Mata Fina Corona, Brasilien

Diese Spirituose besticht durch auffällige Würzigkeit, ist dank der deutlichen Vanillenote der langen Fasslagerung trotzdem mild und hat einen enormen Nachhall. Die subtilen brasilianischen Noten von Leder und dunklem Holz arrangieren sich wunderbar in diesem recht ernsthaften Duett. Die Komplexität des Brandes und seine tiefe Wärme finden in der Cigarre mit viel Aroma, aber wenig Stärke einen tollen Begleiter für lange Winternächte.

Vieille Prune, Jean-Paul Metté, Frankreich & Aliados Corona de Luxe, Honduras

Dieser eher helle Pflaumenbrand ist recht alkoholisch und besticht durch seine Lebendigkeit. Leichte Marzipannoten und eine zarte Süße entwickeln im Glas eine regelrechte Geschmacksdynamik, die mit Cigarren weniger eine sensorische Einheit eingehen kann, sondern eher mit ihnen ein spannendes Wechselspiel beginnt. Die malzig-weiche ›Corona de Luxe‹ erscheint ob dieser Beweglichkeit des Brandes fast überrascht, holt den Brand aber schnell ein.

1989 Fränkischer Riesling-Tresterbrand.
Ziegler Edelobstbrennerei, Deutschland
&
Sancho Panza Belicosos. Kuba

Als Tresterbrand ein Sonderfall unter den Obstbränden, aber so einen tollen Cigarrenbegleiter kann man nicht übergehen. Mit einer meditativen Ruhe und einer reifen Eleganz lässt er für den Genießer die Zeit erst einmal langsamer laufen, damit der sich eine gute Cigarre anzünden kann – am besten eine drei bis fünf Jahre gereifte, cremige ›Sancho Panza Belicoso‹ mit ihren typischen antiken Leder- und Holznoten und jenem Tiefgang, den der Brand fordert. Dann tritt Ruhe ein, die nur für ein gutes Gespräch unter alten Freunden oder ein paar Takte klassischer Musik oder Jazz durchbrochen werden sollte.

COCKTAILS

Von zeitlosen Klassikern und modernen Mixturen

»*I like to have a martini,
two at the very most.
After three I'm under the table,
after four I'm under my host!*«

Man muss sich ja nicht direkt mit einigen ›Martinis‹ in den Zustand derart stark erhöhter Lebensfreude versetzen, dass man am Ende unter dem Wirt liegt, wie es die US-amerikanische Schriftstellerin Dorothy Parker beschreibt. Auch ist der klassische ›Martini‹ wohl kaum ein guter Cigarrenbegleiter. Gleichwohl gehört der ›Martini‹ zu den bekanntesten Cocktails, wofür unter anderem Doris Day und Dean Martin, Ernest Hemingway und F. Scott Fitzgerald sowie sämtliche James-Bond-Darsteller gesorgt haben.

Vom Ursprung über die Hoch-Zeit und (segensreiche) Prohibition bis heute

Der Ursprung von Cocktails und sogar die Herkunft der Bezeichnung »Cocktail«, also »Hahnenschwanz«, sind heute nur noch schwer nachzuvollziehen. Während sich viele, teilweise abenteuerliche Geschichten um die Wortschöpfung ranken, ist so gut wie sicher, dass man in früheren Zeiten versuchte, die Aromen der oft allzu »ehrlich« schmeckenden Spirituosen durch Mischen mit Säften und Limonaden zu kaschieren. Die absolute Hoch-Zeit der Cocktails waren die »Roaring Twenties«, als sich die High Society in den Bergen von Hollywood, den Nachtclubs von Paris und den Künstlerkneipen von Berlin ihre Favoriten mixen ließ.

Die Prohibition in den Vereinigten Staaten förderte dann die Cocktail-Kultur nachhaltig: Zum einen war die Qualität der geschmuggelten Schnäpse miserabel bis grenzwertig, zum anderen waren die oft farbenfrohen Getränke in den Gläsern nicht so schnell als Alkohol erkennbar. Viele Rezepte kamen aus der Karibik, wo die Vielfalt der dort gedeihenden exotischen Früchte förmlich danach schrie, Mixgetränke mit den – teilweise auch hier qualitativ minderwertigen – Spirituosen herzustellen. Auch nach 1933, jenem Jahr, in dem im Land der unbegrenzten Möglichkeiten das Alkoholverbot aufgehoben wurde, blieben Cocktails dort lange Zeit beliebter als Wein und Bier, waren doch jede Menge Weinberge gerodet und Brauereien, vor allem die kleinen lokalen, geschlossen worden. Spätestens nach dem Zweiten Weltkrieg brachten die Amerikaner dem alten Europa die Cocktails zurück, die sich während der »Goldenen Zwanziger« schon einmal großer Beliebtheit erfreut hatten. Im wirtschaftsverwunderten Europa der 1950er und 1960er Jahre verstärkte sich dann der Hang zum Mixen, und die Hausbar, an der sich in den Staaten Gastgeber und Gäste schon lange über das beste ›Martini‹-Rezept unterhielten, zog in die Eigenheime ein.

In den 1980er Jahren hatte der junge Tom Cruise mit dem grauenvoll bunten und rührseligen Film *Cocktail* seinen Durchbruch, und das knalligpoppige Jahrzehnt feierte eine erneute Cocktail-Renaissance. Bis heute sind Cocktails Teil unseres gesellschaftlichen Lebens – ob als farblich ansprechender Sundowner, als ehrlich-geistiger Aperitif oder nach dem Essen an der Bar genossen, ob cremig-süß, fruchtig-sauer oder alkoholisch-stark … ein guter Barkeeper hat für jeden Gast das richtige Mixgetränk parat.

Cocktails und Cigarren spielen immer dann eine große Rolle, wenn es um lange Barabende und feierliche Momente geht. Ein Barkeeper, der sich auf dieses Spiel einlässt, hat schier unendliche Möglichkeiten, Drinks zu kreieren, zu variieren und auf die jeweilige Cigarre abzustimmen – und damit seinen Gästen für jede Cigarre einen optimalen Begleiter zu kredenzen.

Die ›Vox Bar‹ in Berlin

Wenn man das bunte Treiben am Potsdamer Platz in Berlin hinter sich und das Musical-Theater und das Casino links liegen lässt, kommt man zum Seiteneingang des ›Grand Hyatt Hotels‹. Dort empfängt einen ein modernes und stringentes Ambiente, das man, wäre da nicht das satte Rot und das tiefe Schwarz, fast für kühl halten könnte. Aus einer Doppeltüre klingt Pianomusik und eine sanfte, rauchige Frauenstimme. Die Tür geht auf, und ein ebenso gut gelauntes wie gut gekleidetes Pärchen kommt heraus und wendet sich Richtung Lobby.

Ein freundlicher Empfang. Weiter hinten, im hell erleuchteten Restaurant, sind zur fortgeschrittenen Stunde noch einige Tische besetzt, an der weniger hell gehaltenen Bar nur noch wenige Plätze frei. Dunkles Parkett und übergroße Schwarzweißfotos prägen den Barbereich. Sofort fällt einem auch der sehr gepflegte und gut sortierte Humidor ins Auge.

Eine Lounge mit weichen, modernen Sesseln und eine imposante Glastür davor – so sieht hier die Lösung für das Rauchverbot aus, stilvoll und unkompliziert. Ein herzlicher Händedruck und ein verschwörerisches Augenzwinkern von Gastgeber Edgar Katzer – schön, wieder hier zu sein. Ein Glas Rosé-Champagner und ein Cigarrendrittel später ist es Zeit für einen Whisky-Cocktail. Der Barkeeper hat nicht vergessen, dass es ein Tröpfchen ›Drambui‹ mehr sein darf …

Die Cigarre hat Tradition in der ›Vox Bar‹. Cigarrensommelier Dominik Schachtsiecht war hier einmal Barchef – er zündet die Cigarren inzwischen in Dubai an –, und Eddie Katzer hat die Whisky-Sammlung mittlerweile auf über zweihundertdreißig Flaschen ausgebaut, den Humidor weiter gepflegt und die Gäste betreut wie kein Zweiter. Inzwischen ist Eddie Katzer Gastgeber für Bar und Restaurant. Sein Nachfolger Matthias Szypryt, selbst ausgezeichneter Barmann, zudem Aficionado, veranstaltet derzeit Cocktail-Kurse mit Gästen. Man darf gespannt sein, wie sich die ›Vox Bar‹ unter ihm weiterentwickelt, denn jeder Barchef prägt den Stil einer Bar ganz individuell.

*

Übrigens: Die ›Vox Bar‹ ist vor allem zur ›Berlinale‹ der »Place to be« in Berlin, wenn sich alles um die Schönen und Kreativen dreht. Wer also Uma Thurman oder George Clooney einmal auf einen gepflegten ›Singapore Sling‹ einladen möchte, sollte sich Mitte Februar ab und zu am Tresen einfinden.

Cocktails & Cigarren:
Die Top-5-Kombinationen

Mojito
&
Cuaba Diademas,
Kuba

Singapore Sling
&
Bossner Baron,
Dominikanische Republik

6 cl weißer Rum, Limetten, Rohrzucker, Minzeblätter, Soda. Grob zerkleinerte Limetten, Zucker und Minze in einem mittelgroßen Glas stößeln, mit Crushed Ice auffüllen, Rum dazugeben und eventuell mit Soda aufgießen.

2 cl Zitronensaft, Zuckersirup, 4 cl Gin, 2 cl Cherry Brandy, Soda. Alle Zutaten außer dem Cherry Brandy ausgiebig auf Eis shaken, dann in ein mit Eiswürfeln gefülltes Longdrink-Glas abseihen. Brandy dazugeben.

Der gedämpfte Lärm vom Malecón dringt zärtlich bis auf die Terrasse im Hof des Hotels. *Guantanamera* schmiegt sich verliebt zum wiederholten Male dazu. Die Cigarre langsam aus der Kiste hervorholen und zurücklehnen. Der ›Mojito‹ kommt. Die Musiker spielen inzwischen *Comandante Che Guevara*. Jetzt brennt die Cigarre und nimmt Temperatur auf, während die Zeit stehen bleibt. Das Eis im Glas knirscht unverwechselbar, wenn man den Strohhalm bewegt. Noch ein Zug goldener Rauch und ein Schluck vom Cocktail. Ein Glücksmoment: Nachmittags im ›Hotel Nacional de Cuba‹ in Havanna.

Dieser Cocktail-Klassiker und die imposante Cigarre mögen ein warmes Umfeld und ein großzügiges Zeitfenster. Die süß-sauren Aromen vertragen sich mit dem »First Kiss«, dem leicht gesüßten Mundstück der Cigarre, und die Kühle des Getränks reagiert verschmitzt auf die später aufkommende würzige Macht der Cigarre. Zweifellos eine Sommerabendkombination mit hohem Aufmerksamkeitsfaktor. Mancher Barkeeper gibt einen Schuss Ananassaft mit in den ›Singapore Sling‹ – zur Cigarre passt's ...

**Rusty Nail
&
Cumpay Torpedo.
Nicaragua**

**Americano Cigar*
&
Cusano 18 Years Robusto.
Dominikanische Republik**

4 cl Scotch und 2 cl Drambui. Scotch und Drambui auf Eiswürfeln im Whisky-Tumbler verrühren.

3 cl Aperol, 3 cl Martini Rosso, 1 cl Zitronensaft. Alles auf Eis rühren und in ein Longdrinkglas ohne Eis abseihen.

Eine zauberhafte Whisky-Liqueur-Kombination mit Honigsüße und rauchiger Note. Die ›Cumpay‹ im gewöhnungsbedürftigen Format und mit geschmacklicher Bestnote passt sich in Würze und Charakter mit ihren holzig-herben Aromen und der verhaltenen Kraft wunderbar dem Cocktail an. Besonders raffiniert: Während die Cigarre langsam würziger wird, verwässert der Cocktail leicht und wirkt so erfrischender. Wenn man am Mischungsverhältnis des Cocktails dreht, kann man ihn fast zu allen Cigarren servieren. Eine Kombination für Barabende, wenn das Wetter draußen schottisch wird.

Der klassische ›Americano‹ wird zwar mit ›Campari‹ hergestellt, doch der ›Aperol‹ gibt mehr Frische in den Drink. Als süßlich-herber Sundowner oder als Nachmittagserhellung begleitet er diese außergewöhnliche Cigarre, mit der Michael Cusano seinen Traum einer echten Cuvée-Cigarre wahr gemacht hat. Eine großartige Kombination! Die Cigarre unterstreicht die subtil-sommerlichen Frucht- und Wermut-Aromen, und später lädt der kühle Drink die elegante Würze der Cigarre zum Bleiben ein. Sommerliches Vergnügen mit Blick auf den Taunus – oder auf Camps Bay …

Winter Delight
&
Baron Ullmann Robusto.
Dominikanische Republik

4 cl Ziegler Winterlikör, naturtrüber Apfelsaft. Den Winterlikör mit dem Apfelsaft auf Eis aufgießen.

Auch hier kann man je nach Belieben die Mengenangaben variieren und den Drink so auf verschiedene Cigarren abstimmen. Auch schlanke Damenformate passen hervorragend zu diesem modernen Getränk. Gerade die ausgewogene ›Baron Ullmann‹ im ›Robusto‹-Format bringt schnell ihre eigene Süße und ausgiebig Rauch mit ins Spiel, ohne die Aromen des Cocktails aus der Bahn zu werfen. Temperatur und Frische tanzen um die konstante Cigarre, die ewig rauchbar erscheint. Die Kombination macht im Winter am Kamin besonders viel Spaß.

*Nach Ewald J. Stromer, ›Gault Millau‹-Barkeeper des Jahres 2006, ›Raffael's Bar‹ im ›Kempinski Falkenstein‹ und ›Tizian's Bar‹ in der ›Villa Rothschild‹, Falkenstein/Taunus

Kaffee, Tee und Schokolade

Sinnlich-perfekte Urheber meditativer Momente

*»Ei! wie schmeckt der Coffee süße,
Lieblicher als tausend Küsse,
Milder als Muskatenwein.
Coffee, Coffee muss ich haben,
Und wenn jemand mich will laben,
Ach, so schenkt mir Coffee ein!«*

Was Johann Sebastian Bach einst empfand, das wird auch heute noch tagtäglich in deutschen Cafés, Restaurants sowie in heimischen Stuben genossen. Ein heißes Getränk sorgt für Entspannung, schafft Wohligkeit. Intensiv erlebt wurde dieses Gefühl beispielsweise ein gutes halbes Jahrhundert zurück, als nach dem Zweiten Weltkrieg der nachmittägliche Kaffeetisch des Deutschen liebste Stunde war: Endlich war Kaffee wieder bezahlbar. In der emsigen Wirtschaftswunderzeit hatte man eine nachmittägliche Pause redlich verdient und schöpfte durch das Koffein und den Zucker in den begleitenden Gebäckstücken neue Kraft.

INTERNATIONALES INNEHALTEN

In Italien ist ein Kaffee mit Milch nach elf Uhr am Vormittag ein Unding; klein, schwarz, stark ist angesagt. Der nonchalante Franzose genießt bis in die späten Nachmittagsstunden seinen ›Café au lait‹, am liebsten – außer zum Frühstück mit einem Butter-Croissant – nur von einer Zeitung begleitet oder einer feinen Tagescigarre, einer ›Quai d´Orsay‹ zum Beispiel, dem kubanischen Zugeständnis an diese Art des französischen Cigarrengenusses. In England ist sogar die Zeit für den »Five o'clock tea« vorgeschrieben; er wird immer mit Milch serviert und distinguiert von wenig üppigen Sandwiches begleitet, die sich hervorragend mit abgespreiztem kleinen Finger genießen lassen. Holländer und Ostfriesen süßen ihren Tee mit »Kluntjes« und schmauchen dabei ein Pfeifchen oder lassen ein trockenes »Cıgärrchen« dazu knistern. Wer jemals eine japanische Teezeremonie erleben durfte, versteht, warum es Tees mit Namen wie »Wertvolle Augenbraue« und »Eiserne Göttin der Barmherzigkeit« gibt – und bekommt eine Ahnung davon, welche Traditionen hinter diesem Getränk stecken. Schließlich: Nach der Legende wurde in Wien das erste europäische Kaffeehaus mit fünfhundert Sack Kaffeebohnen eröffnet; die hatte man zuvor den Türken abgenommen, nachdem deren Versuch, anno 1683 die Kaiserstadt an der Donau zu erobern, bekanntermaßen fehlgeschlagen war. Noch heute sind die verschiedenen Arten, auf die in dem Land mit der k. u. k. Servicetradition ein Kaffee kredenzt wird, nicht nur Augenweide, sondern auch großer Genuss.

All diese Momente haben eines gemeinsam: das Niederlassen und Entspannen, das Auswählen eines Getränks und seines Begleiters nach mehr oder weniger strengen Regeln oder Vorschriften sowie das Innehalten inmitten einer Umwelt, die ausgeblendet wird. Fern einer »Coffee to go«-Unkultur der ewigen Nachschenkerei, wie sie in den amerikanischen »Diners« erfunden wurde, lässt sich der Connaisseur überlegt und zum gewählten Zeitpunkt nieder und entscheidet sich bewusst für das entschleunigende Moment. Diese reflektierte Auswahl, den Genussfaktor und die regenerierende Wirkung eines heißen, belebenden oder beruhigenden Getränks finden wir im Cigarrenritus wieder. Der Aficionado entscheidet sich, je nach Zeitfenster und Gefallen, für das passende Format, den gewünschten Geschmack und die bezweckte Stärke. Vorbereitung und Anschnitt, das Toasten und das Anzünden sind sowohl Einstimmung als auch genusssteigernder Moment. Während des Rauchens definiert sich die Erholung über die begleitenden Umstände: die Getränke, die Unterhaltung, die Lektüre. Fakt ist: Nach einer solchen Pause ist alles anders als vorher. Hektik und Stress sind reduziert, schwer Lösbares erscheint plötzlich machbar, und die zweite Hälfte des Tages kann angegangen werden.

Der Prinz, die Manieren, die gute Tat und der beste Kaffee der Welt

Er hat uns unsere Gesellschaft gezeigt, unser Verhalten und unsere Manieren – aus der Warte des Fremden, der blieb, bleiben musste. Im Jahre 1968 kam der äthiopische Prinz Asfa-Wossen Asserate, Großneffe des letzten äthiopischen Kaisers Haile Selassie, als Student ins süddeutsche Tübingen und lernte die Menschen im ländlichen Deutschland von einer Seite kennen, die heute den meisten unter uns eher unbekannt sein dürfte.

Im Jahre 1974 zwang die kommunistische Revolution in seinem Heimatland den Prinzen, in Deutschland zu bleiben. Viele Mitglieder seiner Familie wurden hingerichtet, darunter sein Vater. Diejenigen, die am Leben geblieben waren, wurden unter strengen Arrest gestellt, ihm selbst die Heimkehr verweigert. Also promovierte Prinz Asserate 1978 in Frankfurt am Main zu einem Aspekt der äthiopischen Geschichte und erhielt 1981 die deutsche Staatsbürgerschaft.

Im Jahre 2003 veröffentlichte Dr. Asserate das Buch *Manieren*, das nichts gemein hat mit den unsäglichen Benimmbüchern für Golfer, Hausfrauen und Tischgenossen, in denen auf zahllose weltbewegende Fragen geantwortet wird, zum Beispiel auf die, ob denn nun das Frühstücksei geköpft werden darf oder nicht. *Manieren* steht vielmehr in der Tradition von Adolph Freiherr Knigges Buch *Über den Umgang mit Menschen*, vor rund zweihundert Jahren geschrieben von einem der führenden Vertreter des literarischen Jakobinismus, stark beeinflusst von den Ideen der Französischen Revolution (was übrigens damals in deutschen Landen gar nicht gerne gesehen wurde).

Prinz Asserate gelingt eine genaue Betrachtung der deutschen und europäischen Kultur- und Verhaltensweisen aus der Sicht eines Menschen, der, aus einem fremden Kulturkreis stammend und hierzulande akzeptiert und angenommen, scharf beobachtet und auswertet – und das Ganze detailliert darlegt und hinreißend wiedergibt.

Seit 1991 darf der Prinz sein Heimatland wieder besuchen. Er unterstützt Äthiopien mit vielen Unternehmungen, unter anderem mit dem Import und Vertrieb des, wie er überzeugt ist, »besten Kaffees der Welt«, einem reinen Arabica-Premium-Kaffee aus äthiopischen Hochlandlagen, von dessen Erlös 10 Prozent für eine Schule in Addis Abeba abgeführt werden.

Heisse Getränke & Cigarren:
Die Top-5-Kombinationen

5

Milchkaffee
&
Leon Jimenés Robusto Maduro.
Dominikanische Republik

Milchkaffee ist das Synonym für Leichtigkeit und Süße, eine kleine Nachmittagspause und einen Hauch von Milchbart auf der Oberlippe, dementsprechend verpönt bei »echten« Cigarrenrauchern. Herrlich! Die ›Leon Jimenés‹ riecht opulent nach Schokolade und braucht genau eine Sekunde, bis sie warm ist. Sie gliedert ihre Bitterkeit und die unverhohlen männlichen Aromen großartig in den sanften Kaffeegeschmack ein und bringt den Connaisseur, der keine Angst hat, sich zu blamieren, ohne Bedenken dazu, gleich noch einen Milchkaffee zu bestellen.

4

Espresso doble
&
Cohiba Siglo VI.
Kuba

Die beste ›Cohiba‹, bisher ungeschlagen, verträgt in ihrer ausgewogenen Komplexität wahrscheinlich 1001 Begleiter. Dazu gehören auch alle guten Espresso-Sorten. Deftige Bitternoten und eine bewusste Zuckersüße von braunem Rohrzucker passen sich sowohl im ersten Drittel als auch im späteren Rauchverlauf wunderbar an die Cigarre an. Nicht wenige Genießer werden wohl nahezu betrübt sein, dass man nicht über die ganze Rauchdauer unbeschadet Espresso trinken kann, aber man kann sich ja Unterstützung vom Spirituosenwagen oder aus dem Süßweinregal holen …

Irish Coffee
&
Carlos Toraño Virtuoso Encore.
Honduras

Fast verlernte alte Schule, der echte ›Irish Coffee‹ mit halbgeschlagener Sahne und dem Klassiker ›Tullamore Dew‹. Er gefällt mit deutlicher Alkoholität und einer Kaffeesüße, die an vergangene Tage erinnert. Die saftige Cigarre kombiniert Kaffee- und Kakaonoten mit feinem, pfeffrigem Unterton und langer Präsenz am Gaumen. Der irische Whiskey-Geschmack und die Süße passen wunderbar dazu. Man sollte dem Kellner in die Augen schauen und ihn fragen, ob er einen guten ›Irish Coffee‹ »drauf« hat. Hält er dem Blick stand, kann es losgehen.

Hot Chocolate
&
Camacho Select Super Robusto.
Honduras

Heiße Schokolade surft auf der Welle der momentan so erfolgreichen Qualitätsschokolade mit. Puristen machen ihren Kakao mit Wasser. Milch indes transportiert die weichen Aromen besser. Cigarren wie diese ›Super Robusto‹ gesellen sich harmonisch dazu. Das Cameroon-Deckblatt übernimmt sensorisch die Korrespondenz mit seiner ganzen Wucht. Schon das erste Drittel schreit nach der Süße des Getränks, das harmonische zweite passt ebenfalls wunderbar, und das würzige Finale lässt den Schokofreund gleich eine weitere süße Bestellung tätigen.

Frischer Tee von der marokkanischen Nana-Minze & Bossner Cleopatra. Dominikanische Republik

Die nordafrikanische, alkoholfreie Antwort auf einen guten ›Mojito‹ will, mit Rohrzucker oder Honig gesüßt, heiß und in kleinen Schlucken genossen werden. Der Tee wirkt ausgleichend und belebt mit seiner ätherischen Grundnote. Zu allen würzigen Cigarren, die viel Rauch geben, wie die elegante, aber geschmacklich intensive ›Cleopatra‹, passt der Tee mit seiner Süße und den Gaumen reinigenden Frische perfekt. Vor allem an heißen Sommertagen ein Gedicht. – Ein wichtiger Hinweis zum Schluss: Frische Minze großzügig verwenden! Mit sprudelnd heißem Wasser aufgießen und lange ziehen lassen.

Sonstige Getränke

... von extrem neutral bis exorbitant gut

»Das ist alles Geschmacksache ... meinte das Äffchen und biss in die grüne Seife.«

Ob es dem kleinen Affen geschmeckt hat, lässt dieses bayerische Sprichwort offen. Mag sein, dass es einige Tiere gibt, die über Seife im Maul nichts kommen lassen. Wer mehr als nur einen Hund oder mehr als nur eine Katze hat, der wird immer wieder feststellen, dass die geschmacklichen Vorlieben von Vierbeinern auch derselben Rasse sehr unterschiedlich sein können.

Bei Cigarrenrauchern, unzweifelhaft der Gattung der zweibeinigen Zeitgenossen zugehörig, ist das nicht anders. Auch sie sind Individualisten. Sie lassen sich nicht gerne etwas vorschreiben, und das ist auch gut so. Besser: Das ist hervorragend, denn sie wehren sich nicht nur gegen Repressalien von überengagierten Nichtrauchern und Gesundheitsfanatikern, sondern sie geben dank ihrer freien Geisteshaltung auch ihre eigenen Erfahrungswerte als Empfehlungen weiter.

Der Cigarrensommelier ist noch nicht geboren, dem der standhafte Islay-Whisky-Trinker nicht entgegenschmettern würde, dass sein Lieblings-Whisky eben nicht zu torfig ist für die schlanke ›Davidoff‹. Der Rotwein-Liebhaber wird sich durch eine Tannin-Debatte wohl niemals davon abhalten lassen, aktuelle Jahrgänge zu seiner Lieblingscigarre zu öffnen, und sogar Grapefruitsaft wird empfohlen, vornehmlich, um beim Cigarrenkonsum den Gaumen zu erfrischen.

Während Mineralwasser, still oder medium oder mit reichlich Kohlensäure, überaus geeignet ist, die Geschmacksrezeptoren zu neutralisieren, wenn man Cigarren zur Probe raucht oder verschiedene Tabakmischungen zusammenstellt, und ein Schluck Wasser auch zum Kaffee und zur Cigarre ein toller, erfrischender Moment sein kann, ist das Mineralwasser als Begleiter per se eher aussagelos, bringt es doch kaum Eigengeschmack mit.

Erfrischungsgetränke wie Limonaden oder Schorlen sind im Sommer, eisgekühlt, beliebte Getränke. Wenn man keine Probleme mit seiner Figur hat, kann eine Cola durchaus ein klassisches Erlebnis sein – im süddeutschen Raum hat die Mischung mit Orangenlimonade das Attribut »Spezi ist Spitze« noch immer verdient –, und Apfelsaftschorle, Traubensaftschorle und die exotisch süße Ananasschorle sind Lichtblicke in der sonst recht eintönigen Welt der alkoholfreien Erfrischungsgetränke. Säfte, ob aus heimischen oder exotischen Früchten, am besten frisch gepresst oder zubereitet, pur oder gerne auch gemischt, verhalten sich je nach Süße-Säure-Verhältnis oft wunderbar erfrischend zu Cigarren. Grundsätzlich kann man sagen, dass zur Cigarre alle alkoholfreien Getränke möglich sind, wenn dem Raucher der Sinn danach steht und die Situation ein Erfrischungsgetränk erfordert.

Bier – das deutsche Nationalgetränk

Und schon sind wir wieder beim alkoholischen Begleiter gelandet, was natürlich dem schon öfter angesprochenen situativen Cigarrengenuss ebenso geschuldet ist wie der, zumindest im Vergleich zur ausgeprägten Vielfalt im alkoholischen Segment, beschränkten Auswahl an alkoholfreien Getränken.

Der Deutschen liebstes Getränk, das Bier, verliert an Zuspruch. Dafür sind Wellness-Getränke, gute Weine (leider auch weniger gute), ausgesuchte Spirituosen und neuerdings auch wieder Cocktails eindeutig auf dem Vormarsch. In der klassischen Cigarrenrauchergesellschaft merkt man bis dato nichts davon. Fröhlich werden Weizenbiere, Pils, frisch oder neun Minuten lang gezapfte, oder, lässig amerikanisch, kleine Flaschenbiere mit Cigarren kombiniert. Altbiere, dunkle (Bock-)Biere und Rauchbier werden gerne zu ›Brasil‹-Cigarren empfohlen, eine recht klassische (mittel)deutsche Herrenkombination. Jessas, prosit und juchhe – was spricht dagegen? Auch wenn alle Biere, ob hell oder dunkel, obergärig, nach Pilsner Brauart oder in traditioneller untergäriger Exportqualität, eher zu den erfrischenden als zu den klassisch korrespondierenden Getränken zu zählen sind, gibt es doch kaum einen schöneren Moment als den ersten Schluck von einem guten, kühlen Bier nach einem harten Tag auf der Ranch … außer dem ersten Zug an einer lang ersehnten Cigarre natürlich.

Das russische Wässerchen

Die meisten Getränke, die nicht eindeutig in die anderen Kapitel einzugliedern sind, sind Liqueure, Exoten oder, wie im Fall von Wodka, als Spirituosen weltbekannt und beliebt, als Cigarrenbegleiter trotzdem mit dem Begriff »Sonderfall« zu etikettieren.

Das russische »Wässerchen«, das, nebenbei erwähnt, keinesfalls trüb, sondern unbedingt glasklar und brillant sein sollte, gibt einer Cigarre oft mehr, als man erwartet. Man sollte allerdings auf jeden Fall beachten, dass der Wodka der Wahl nicht zur Familie derer gehört, die, -zigfach gebrannt und so geschmacksneutral wie möglich, eher den aromatischen Vertretern dieser Gattung zuzuordnen sind. Außerdem ist zu berücksichtigen, dass ein Wodka eine Cigarre selten über die gesamte Rauchdauer begleiten kann. Die schönsten Kombinationen findet man, wenn man einer eher leichten, fruchtig-floralen Cigarre den Moment gönnt, nach dem Anzünden ihre Temperatur zu finden, um dann einen üblicherweise mit vier Zentilitern bemessenen Wodka in einigen kleinen Schlucken auf die Zunge zu legen und dazu den noch leichten Rauch des ersten Drittels zu genießen. So kann ein kräftiges Mahl äußerst stilvoll abgerundet oder einfach eine spezielle sensorische Situation mit einem ehrlichen Input an klarem Alkohol verbunden werden.

DAS NORMANNISCHE LOCH

Auch der Calvados nimmt unter den cigarrenbegleitenden Spirituosen eine Sonderstellung ein, wenn auch aus anderen Gründen. In Frankreich, vor allem in der Normandie, der Heimat des Calvados, fehlt der Brand aus Äpfeln bei keinem mehrgängigen Schmaus. Der »Trou Normand«, das »Normannische Loch«, räumt nach jedem (schweren) Gang den Magen auf, damit der bereit ist für die nächste Teilmahlzeit.

Calvados der Spitzenklasse ist in deutschsprachigen Landen ein nahezu exotisches Elixier, und das, was hier angeboten wird, ist meist Massenware, nicht immer billig, aber fast immer durchschnittlich, was Qualität und Geschmack anlangt. Lediglich einige ausgesuchte Spirituosenfachgeschäfte sowie die entsprechenden Abteilungen weniger Kaufhäuser à la ›KaDeWe‹ offerieren ein Calvados-Angebot, das zufrieden stellt.

Von den wirklich guten Apfelbränden verlassen sowieso nur wenige die Normandie – und wenn, dann nahezu ausschließlich in andere französische Regionen, angefordert sehr häufig von erstklassigen Restaurants. Aus all diesen Gründen wird Calvados hierzulande höchst selten verlangt, wenn es heißt, ein passendes Getränk zur Cigarre zu wählen.

Weil Deutschland, in Bezug auf den Calvados, nach wie vor Entwicklungsland ist, zieht es der ältere der beiden Autoren vor, sich von seinem alljährlichen Normandie-Urlaub einige Flaschen des Apfelbrands mitzubringen, wobei jedoch »Apfelbrand« nicht der richtige Ausdruck ist, denn der ›Calvados Domfrontais‹, hergestellt in der Gegend um den Ort Domfront im Departement Orne (Basse-Normandie), wird aus Apfel- und Birnenmost gebrannt. Zwar macht der Birnenanteil nur den deutlich geringeren Teil aus (circa 30 Prozent), sorgt dafür aber für eine wunderbare Weichheit, vor allem bei jenen Bränden, die zehn, gar zwanzig Jahre im Eichenfass gereift sind. Diese Weichheit, die

dennoch das Wilde zulässt, jenes auffallende Merkmal des Calvados, passt wunderbar zu einer Cigarre, die eine ordentliche, jedoch nicht überwältigende Kraft hat und die im Zusammenspiel mit dem Getränk ihre Eigenständigkeit einbringt, ohne zu dominieren.

Selbst in der Normandie gibt es wirklich guten Calvados selten in Einkaufsmärkten zu kaufen, auch nicht in gut sortierten, sondern hauptsächlich auf den zahlreichen kleinen Märkten, auf denen meist Erzeuger ihre Produkte anbieten, oder direkt in einer der vielen, in Familienbesitz befindlichen Brennereien. Diese kleinen Destillerien, praktisch in jedem zweiten Dorf zu finden, legen wenig Ambitionen an den Tag, ihre Erzeugnisse auf große Reisen zu schicken, sondern produzieren sozusagen für den Eigenbedarf ihrer überschaubaren Umgebung. Hierin liegt auch der eigentliche Grund, warum der weitaus größte Teil des Spitzen-Calvados in der Normandie selbst getrunken wird.

Der Weinbrand der Gascogne: Mehr als eine Cognac-Alternative

Ähnlich wie die Normandie, die Herkunft des Calvados, ist die Gascogne, die den Armagnac hervorbringt, bekannt für ihre natürliche, raue Schönheit und die Individualität ihrer Bewohner. So war ein solcher der temperamentvolle D'Artagnan, der »Vierte Musketier« bei Alexandre Dumas dem Älteren, und der ebenso raubeinige, zudem poetisch veranlagte Cyrano de Bergerac im gleichnamigen romantisch-komödiantischen Versdrama von Edmond Rostand kam ebenfalls aus dieser Region.

Wenn es um den Armagnac geht, dann geben selbst die Gascogner zu, dass der Wein, der den Weg zum Hochprozentigen antritt und der hauptsächlich aus den Trauben ›Colombard‹ und ›Folle Blanche‹ erzeugt wird, vor der Destillation kaum genießbar sei und dass deshalb schon in recht früher Zeit (dem 15. Jahrhundert) der Weg der Veredlung in Brennblase und Holzfass gewählt worden ist.

In unseren Landen hatte der Armagnac seine Hoch-Zeit, als Cognac schon deutlich teurer war, eine Cigarre und ein Brand darüber hinaus schon als Statussymbol angesehen wurden. Das war in der deutschen Nachkriegszeit, und das hatte zur Folge, dass in den folgenden Dekaden einige mindere Qualitäten den bundesdeutschen Markt regelrecht überschwemmten. Ein guter Vertreter dieser bernsteinfarbigen Spirituose jedoch, eventuell ein reifer Jahrgangs-Armagnac, passt heute aber immer noch so gut zu einer kräftigen, würzigen Cigarre wie vor vierzig, fünfzig Jahren.

Das mexikanische Nationalgetränk

Die neue Trend-Spirituose ist Tequila. Vorbei die Zeiten mit der Zitrone, dem Salz und den morgendlichen Kopfschmerzen am Tag danach: Seit einigen Jahren kommt Qualität ins Glas. In seiner Heimat Mexiko natürlich schon seit Generationen beliebt, haben die Top-Tequilas nun auch den Weg in zahlreiche exklusive Bars Mitteleuropas gefunden.

Tequila wird aus der blauen Agave gewonnen und unterliegt in Mexiko strengen Reglements, was Herstellung und Klassifizierung betrifft. Die gehobenen Qualitäten ›añejo‹ und ›reposado‹ reifen in Eichenholzfässern, was ihnen einen deutlichen sensorischen »Upgrade« Richtung Vanille, Karamell und anderen, eher süßlichen Nuancen sowie Gewürzen verleiht und dem Connaisseur so die Möglichkeit gibt, den »Shot«, also das »Kurz-und-schmerzlos-Trinken«, zu umgehen und den Brand aus einem großen Glas langsam zu genießen … und sich eine Cigarre dazu anzuzünden.

Süsse und weniger süsse Begleiter

Liqueure und Bitters sind aus der europäischen Getränkewelt nicht wegzudenken und haben natürlich auch eine dementsprechende Rolle als Cigarrenbegleiter. Im Mittelalter begann die Geschichte der Liqueure, als heilende Getränke in Form von Kräuterauszügen in Klöstern hergestellt. Eine mannigfaltige Geschichte umweht die süßen und geheimnisvollen Tränke, deren Rezepturen bis heute wie Schätze gehütet werden und deren Zahl an Ingredienzen meistens im oberen zweistelligen Bereich liegt. Wegen ihrer Süße waren die Liqueure vor allem beim Adel beliebt und begehrt, war Zucker zu dieser Zeit doch noch ein teures und hochbegehrtes Süßmittel.

Zur Verwendung in Cocktails sowie pur kommen heute die verschiedensten Liqueure zum Einsatz. Die Süße ist ihnen geblieben, und so passen die meisten auch gut zu Cigarren – nicht zuletzt deshalb, weil sich dazu diese wunderschönen Geschichten erzählen lassen, welche sich um ihren Ursprung und ihre Herstellung ranken …

Von flüssiger Zeit

Es existieren Fluidums in dieser Welt, die Zeit und Geist mit einer verblüffenden Leichtigkeit überwinden und die damit jeden flüchtigen Trend der Lächerlichkeit preisgeben. Herrlich. Sie sind von einer magischen Aura umgeben, und ihre Geschichte liest sich oft wie ein Abenteuer. Wie die vom Liqueur ›Dom Bénédictine‹.

Im Jahre 1510 vom Benediktinermönch Dom Bernardo Vincelli in der normannischen Abtei von Fécamp aus siebenundzwanzig kostbaren Ingredienzen komponiert, darunter Melisse und Eisenkraut, Vanille, Muskat und Engelwurz, wird dieser Liqueur wenig später von Franz I., König von Frankreich, zum »Élixir favorisé« seines Hofes gekrönt. In den Wirren der Französischen Revolution wird die Abtei zerstört; Dom Bernardos Rezept verschwindet. Erst 1863 findet Alexandre Le Grand, Weinhändler und Apotheker in Fécamp (anderen Quellen zufolge lediglich Apotheker), das Rezept zufällig in einem Archiv der Stadt und beschließt, dem ›Bénédictine‹ neues Leben einzuhauchen. Der Exzentriker Le Grand erfüllt sich einen Kindheitstraum und baut um die Produktionsstätte »sein« Märchenschloss, ein pompöses, eklektizistisches Palais, das bald nach der Errichtung bis auf die Grundfesten niederbrennt. Le Grand kämpft und baut das Palais mit Hilfe des berühmten Architekten Camille Albert wieder auf …

Die ganze Geschichte würde Bände füllen. Le Grand hinterlässt eine Frau, vierundzwanzig Kinder, eine umfangreiche Sammlung an Kunstschätzen und einen Liqueur, der über achthundert Mal erfolglos kopiert worden ist, der immer noch im pompösen Palais an der normannischen Küste hergestellt wird und den der Genießer mittlerweile in jeder Bar auf der Welt mit Geschmack und Stil bestellen kann.

Adam Dittrich

Sonstige Getränke & Cigarren: Die Top-5-Kombinationen

Tequila Herradura Añejo. Mexiko
&
Santa Clara Bolero. Mexiko

Grey Goose Vodka. Frankreich
&
Dannemann Artist Line HBPR Corona. Nicaragua

Eine wahre »Fiesta Mexicana« entwickelt sich während der Rauchdauer dieser etwas größeren ›Corona‹, die im zuerst seltsam anmutenden, wie ein Lolli gestreiften Deckblatt die Blicke auf sich zieht. Der Grundton ist mild mit nussigem Beigeschmack, der dem reifen, weichen, vanillig-süßen Tequila schmeichelt und mit seiner Alkoholität hervorragend einhergeht. Während sich die Cigarre langsam stringent steigert und der Tequila von Schluck zu Schluck mehr Karamell am Gaumen entwickelt, kann getrost die Sonne untergehen und die Musik allmählich lauter werden.

Wodka braucht zarte Begleiter. Der französische Spitzen-Wodka eignet sich zum Genuss mit Cigarren vor allem wegen seiner sanften, grasigen Noten und den Blütenaromen. Die ›Corona‹ aus dem im Nordosten Nicaraguas gelegenen Jalapa-Tal mit ihrem großartigen Zugverhalten und der leichten, aber komplexen Geschmacksstruktur bietet dem Wodka die Möglichkeit, seine Blumenwiese an hellen und floralen Noten auszubreiten und seinerseits die Aromen der Cigarre gut und gerne über das gesamte erste Drittel des Rauchverlaufs blendend zu unterstreichen.

Liqueur Dom Bénédictine.
Frankreich
&
Macanudo Cristales.
Dominikanische Republik

Calvados Le Clos Normand 20 Ans.
Frankreich
&
Zino Platinum Crown Series Barrel.
Dominikanische Republik

Ein edles Stück Zeitgeschichte und ein fulminanter Strauß an Aromen, gebettet in wohlige Süße und den ewigen Nachhall von feingeistigem Anis. Pur oder halb und halb mit einem feinen Cognac, auch auf Eis – ein zeitloser Genuss, den man sich spätestens zur nächsten Cigarre unbedingt einmal gönnen sollte … Vor allem geschmacklich stabile Cigarren mit stringenter Steigerung passen gut zu diesem veritablen Liqueur. Der dunklen Cigarre aus dem Glastubo mit den hellen Aromen und der deutlichen Cremigkeit gefällt der Blumengruß nicht nur, sondern sie schmückt ihn weiter aus und überreicht dem Genießer das gesamte Bouquet zur prächtigen Verwaltung.

Dass »Calva« nicht gleich »Calva« ist, demonstriert dieser ungemein reife und ausgewogene Brand, dessen Anteil an Birnen die nach langer Reifezeit entstandene schmeichelnde Note noch unterstützt. Was nicht nebeneinander liegt, kann sich durchaus vermählen, denn die moderne Cigarre mit ihrem demonstrativ großen Ringmaß dockt an diese normannische Geschmacksstation an, als hätte sie den gesamten Orbit auf der Suche nach ihr durchstreift. Was der Apfelbrand noch an Schärfe aufbietet, wird durch volle Süße im cremigen Rauch abgefedert, und die immer noch eleganten Zedernholznoten harmonieren exzellent mit den runden Aromen der gelben Früchte.

Cerveca Polar. Venezuela & Partagás Serie P № 2. Kuba

Was liegt besser in der Hand als ein kleines, kaltes Bier, wenn die Sonnenbrille nicht mehr nötig ist, aber noch lange nicht abgenommen wird, wenn die Musik an der Strandbar langsam lauter und das Rauschen der Wellen allmählich leiser wird? Höchstens eine gute Cigarre, deren ehrliches Tabakaroma sich mit dem Salz in der Luft und dem Schaum im Dreitagebart vermischt und deren langsam aufkommende Würze und Schärfe von einem eiskalten Schluck Bier gelöscht wird. Salut y suerte! Wir trinken auf Kuba und Venezuela und den romantischen Sozialismus.

Schokolade

... pur und frech veredelt

»Schokolade ist fassbar, greifbar und vor allem essbar gewordenes Glücksgefühl.«

Wim Wenders spricht damit vielen aus der Seele, empfinden sie doch ebenso wie der große Regisseur. Dabei haben beide Seiten – der Künstler und seine Befürworter – bestimmt jene hochwertigen Schokoladen im Sinn, die heutzutage vermehrt angeboten werden.

Man stelle sich vor, Bordeaux, Champagne und Piemont sind von allen Winzern verlassen. Die gesamte Weinproduktion liegt in der Hand zentraleuropäischer Großkellereien, die von riesigen, auf maximalen Ertrag angelegten Weinbergen versorgt werden. Herkunft: egal. Rebsorten: egal. Bezeichnung: Rot, Rosa, Weiß. Und alle Weine sind mit Aroma versetzt. Schon Gänsehaut bekommen?

So oder ähnlich erging es dem Kakao im zurückliegenden Jahrhundert in Europa. Schokolade war »Junkfood« – zum industriellen Massengut verkommen, gleichbedeutend mit süßem Fett und schnellem Trost, kam im besten Fall aus der Schweiz und bestand aus Zucker, Milchpulver und einer Prise Kakao. Irgendeinem Kakao. Vor diesem trostlosen Hintergrund ist es kein Wunder, dass kein Genussmittel in den letzten Jahren mehr Furore gemacht hat als der Kakao: Das Wissen um die Pflanze war komplett verschwunden. Genauer gesagt, nahezu komplett.

Denn auch in diesen endlosen Jahrzehnten der Verramschung gab es ein paar gallische Dörfer, in denen man um die Qualität der Kakao-Bohnen wusste. In und um Lyon pflegten kleine und kleinste Familienunternehmen postkoloniale Kontakte in die edlen Lagen, allen voran Venezuela, Trinidad und Ecuador, aber auch Ceylon und Java sowie Madagaskar. Dieses Wissen teilten sie ebenso lange Jahrzehnte mit einer überschaubar kleinen Menge europäischer Connaisseure. Wie es letztlich dazu kam, dass um den letzten Jahrtausendwechsel dieses uralte Wissen die große Welle machte, bleibt das stille Geheimnis der Bohne.

Um nun zu verstehen, warum Kakao die Krönung der Genussmittel ist, muss man den Weg vom Baum zur Schokolade verfolgen. In Selektion und Fermentation ähnelt der Prozess dem des Weins, in Trocknung und Röstung dem des Kaffee, im Mahlen und Verfeinern schließlich dem der Mandel oder der Haselnuss. Zusammen ergibt dass eine Vielzahl von Möglichkeiten, die den Hersteller in die Lage versetzt, einen bestimmten, unvergleichlich hervorragenden Geschmack zu bilden – oder ihn eben auch verflachen lassen kann.

Fest steht, dass die Entwicklung zur Qualitäts-Schokolade glücklicherweise nicht rückgängig zu machen ist und wir heute vor einer täglich größer werdenden Vielfalt von sauberen Kakao-Erzeugnissen stehen, deren beste an die Zeiten erinnern, in denen die Bohnen Geld waren und das daraus gewonnene Getränk ein Heiligtum. ›Criollo‹, die fast ausgestorbene Ur-Bohne, und ›Trinitario‹, der populäre Bastard, sind die fetischisierten Themen der neuen (süßen) Jäger und Sammler.

Was derzeit alles möglich ist, zeigen die jungen italienischen Edelbetriebe ›Domori‹ und ›Amedei‹, aber auch hierzulande bemerkt selbst der Außenstehende eine spürbare Aufbruchstimmung in Sachen Kakao. Ist die lange Zeit in der Conche gut oder übel? Rösten wir Bohnen oder Nibs, jene gebrochenen Kakao-Bohnen? Wie viel Säure darf, wie viel Frucht muss sein? ›Blend‹ oder ›Cru‹?

Unendlich viele neue Geschmackserlebnisse und noch mehr Kombinationen erwarten uns. Schließlich haben wir gerade eben erst schmecken gelernt.

Leuchtende Sterne am sensorischen Firmament

Schokolade und Cigarre passen zusammen. Punkt. Das liegt nicht nur an derselben Herkunft und den ähnlichen Aromen, die in diesen beiden Produkten vorkommen, sondern auch an der entspannenden Wirkung, dem ähnlichen Genussmoment, kann man doch beide jederzeit, aber nie unbedacht, zudem nie in Hektik genießen – und an der pflichtschuldigen Wertschätzung, in welcher der Aficionado beiden Wundern des sensorischen Universums gegenüber ergeben ist, sowie nicht zuletzt an der unglaublichen Vielfalt, aus der man wählen kann, um die perfekten Partner zusammenzustellen.

Im Gegensatz zu feinen Cigarren wird hochwertige Schokolade mit anderen Aromen veredelt. So werden zugegeben: Chili wegen seiner Schärfe, Nüsse wegen ihrer Bitterkeit und Konsistenz, Früchte ganz einfach wegen ihrer vielen eindeutigen Geschmäcker – ob jeweils als subtiler Hauch oder dominierendes Moment, bleibt dem Schöpfer überlassen. Der Genießer taucht ein in ein Meer der Möglichkeiten, kann sein Leben lang neue Kombinationen probieren, wird immer schlauer werden, aber nie endgültig weise – dafür gibt es mittlerweile einfach zu viel gute Schokolade.

Ähnlich ist es mit den möglichen Kombinationen, wenn eine Cigarre mit ins Spiel kommt. Ein paar Tipps zu geben und einige Favoriten zu empfehlen, sei gestattet, das Vergnügen der ewigen Suche nach der perfekten Kombination sei jedoch den Genießern überlassen, auf dass sie echte Connaisseure werden …

Holger in't Veld

Vom »Rock 'n' Roll« zur Schokolade

Der Weg zur Kakao-Bohne kann gewunden und lang sein. Holger in't Veld, geboren 1967, Sohn eines holländischen Kapitäns und heute der »Schokoladenkönig vom Prenzlauer Berg«, musste sich erst durch alle Fachbereiche der Hamburger Uni studieren und danach inhalieren und verstärken, was die 1990er Jahre an alternativer Popkultur zu bieten hatten. Mehrere Jahre als Journalist für *Spex – Magazin für Popkultur* im Einsatz, waren die Höhepunkte dieser Laufbahn ein Interview mit Kurt Cobain, ein Wochenende mit dem Kult-Duo ›Ween‹, das mit dem Album *Chocolate and Cheese* Anfang der 1990er prophetische Qualitäten bewies, und eine Vorveröffentlichung eines Albums der legendären Hip-Hop-Gruppe ›Wu-Tang Clans‹ im Internet. Nach einem Veranstaltungszentrum, zwei Labels, drei Plattenveröffentlichungen, zehn Events, fünfhundert Interviews und tausend Artikel später war er bereit für Neues.

Nach besonderer Schokolade hatte in't Veld schon seit Jahren auf seinen Reisen gesucht, hatte in Paris Qualität genossen, in London Understatement gelernt und in Barcelona Design gesehen. Die Tür in den Schokoladen-Himmel aber fand er in Italien. Die unfassbare Intensität seiner ersten Tafel ›Domori‹ war für ihn ähnlich revolutionär wie einst *Smells Like Teen Spirit* von der US-Grungeband ›Nirvana‹. Nach einem Interview mit Jean-Phillippe Khodara, dem Gründer und Betreiber der immer noch marktführenden Internet-Plattform für die besten Pralinen, *zchocolat.com*, einem ähnlich innovativen, umtriebigen und Wahrheit suchenden Geist wie er selbst, war in't Veld dann bereit, seinen Namen über eine Berliner Ladentür zu schreiben. In diesem Laden begegnen dem Connaisseur Schokoladen, die zum absolut Besten gehören, was diese süße Welt zu bieten hat. Für Holger in't Veld ein logischer Schritt.

*

Übrigens: »Gute Schokolade ist wie gute Musik« sagt er, »tief, komplex und dabei einfach lecker.«

Schokolade & Cigarren:
Die Top-5-Kombinationen

Sweet Chili. Laurent Gerbaud, Brüssel, Belgien
&
Macanudo Maduro Diplomats. Dominikanische Republik

in't Veld 70 %. in't Veld, Berlin, Deutschland
&
Flor de Nicaragua Exquisitos. Nicaragua

Der Chili-Einsatz ist kompromisslos und entsprechend lang der scharfe Nachhall auf der Zunge und am Gaumen. Damit können nicht viele Cigarren umgehen, aber die dunkle und maskuline ›Macanudo Maduro‹ hält stand und emanzipiert ihre Aromen gegen die Schärfe. Doch diese Schokolade besteht nicht nur aus Chili, und deshalb vermählen sich die bitteren und süßen Aspekte sehr gut mit der saftigen ›Maduro‹. Ist man multiple Eindrücke gewohnt, dann ist diese Kombination großes »Gaumenkino«.

Manchmal reichen einfach eine gute Schokolade aus Madagaskar- und Caribe-Bohnen und eine gediegene, kleine Cigarre im unteren Preissegment, um die Punkteskala nahezu voll zu machen. Feine Würzigkeit und später typische Rauchschärfe werden von der Schokolade, deren intensive, fruchtig-nussige Balance die Kombination bestimmt, sehr schön ausgeglichen. Für alle, die es nicht glauben wollen …

KRACHER BEERENAUSLESE GELEE.
EDEL & GUT, TIROL,
ÖSTERREICH
&
ROMEO Y JULIETA MILLE FLEURS.
KUBA

Um ehrlich zu sein, bestimmt hier nicht die Schokolade das partnerliche Geschmacksbild zur sehr typischen Kubanerin, sondern die Füllung dieser »Praline in Tafelform«. Das Gelee von der Beerenauslese eines der besten Süßweinwinzers weltweit besticht durch zuckere und lebendige Präsenz und schmiert der später sogar etwas scharfen Cigarre Almrosenblütenhonig ums Mäulchen. Für Aficionados, deren harter Kern bestechlich ist.

BRUT DE SÃO TOMÉ.
PLANTAGE CLAUDIO CORALLO, CHOCOLATERIE PRALUS, ROANNE, FRANKREICH
&
ZINO PLATINUM SZEPTER SERIES
STOUT. DOMINIKANISCHE REPUBLIK

Diese Schokolade liegt wie ein Pflasterstein in der Hand: nicht conchierter, würzig-erdiger São-Tomé-Kakao von der legendären ›Corallo‹-Hacienda und vielen Nibs gleichen Ursprungs. Sie braucht einen kräftigen Begleiter, der dieser Fruchtigkeit nicht im Weg steht. Es schadet nicht, wenn dieser Begleiter ähnlich eindrucksvoll ist. Die ›Stout‹ mit ihrer zugänglichen Malzigkeit kommt da gerade recht. Großes Zeitfenster für kompromisslosen Geschmack gesucht!

SALZSTANGEN 75 %.
IN'T VELD. BERLIN,
DEUTSCHLAND
&
COHIBA ROBUSTO.
KUBA

Die Salzstangen der anderen Art bestehen aus 75-prozentigem, fruchtigem ›Trinitario‹-Kakao und werden mit Meersalz veredelt, dünn ausgegossen und »gekämmt«. Die Form sorgt für eine perfekte Verteilung auf der Zunge, die Salzigkeit für die nötige Frische im Mundraum. Die ›Cohiba‹ mit ihrem unverwechselbaren kubanisch-zugänglichen, würzig-weichen Geschmack und der großzügigen Rauchentwicklung macht ein perfektes Rendezvous daraus.

Für die Unterstützung dankt der Verlag:

5thAvenue Products Trading,
  www.5thavenue.de
Arnold André, *www.arnold-andre.info*
Bacardi, *www.bacardi-deutschland.de*
Champager Ruinart, *www.ruinart.com*
Champagner Alfred Gratien,
  www.alfredgratien.com
Cigar Clan, *www.cigarclan.de*
CM Cigarrenmagazin, Berlin,
  www.cigarrenmagazin.de
Dannemann Cigarrenfabrik,
  www.dannemann.com
Domaine & Chateaux, *www.dcwein.de*
Gebr. J. & M. Ziegler, *www.brennerei-ziegler.de*
Kohlhase & Kopp, *www.kohlhase-tobacco.com*
Moët Hennessy Deutschland,
  www.hennessy-cognac.de
Oettinger Davidoff Group, *www.davidoff.com*
Peter Heinrichs, Haus der 10 000 Pfeifen,
  www.pfeife.de
Planet Wein am Gendarmenmarkt,
  www.planet-weinhandel.de
Schlumberger, *www.schlumberger.de*
Team Brandy de Jerez,
  www.brandy-de-jerez.de
Vox Bar im Grand Hotel Hyatt Berlin,
  www.berlin.grand.hyatt.de
VRANKEN POMMERY Deutschland,
  www.vrankenpommery.de
Wein Burgenland, *www.weinburgenland.at*

… und nicht zuletzt dem Fotografen Jochen Arndt, *www.jochenarndt.com*

… und natürlich den Gastautoren:

Hendrik Canis, langjähriger Weggefährte in der Gastronomie von Matthias Martens, ›Berliner Sommelier des Jahres 2004‹, für den Artikel »›Sexmachine‹ und ›Übermut‹«, S. 126

Jürgen Deibel, ›Deibel Consultants‹, Hannover, Spirituosenexperte und freier Berater, für das Kapitel »Cognac«, S. 130-134, und für den Artikel »Pedro Domecq Lustau«, S. 166

Adam Dittrich, Brandmanager und Spirituosenexperte bei ›Bacardi‹, für die Mitarbeit bei dem Kapitel »Whisky«, S. 147/148, und für den Artikel »Von flüssiger Zeit«, S. 212

Ingolf Holstein, Spirituosenhändler und Betreiber der Website *www.schnapsler.de*, für seine Inhalte, die im Kapitel »Edelobstbrände«, S. 176-181, Verwendung gefunden haben

Holger in't Veld, ›in't Veld 2.0 Aktiengesellschaft‹, Schokoladenproduzent, -händler und -experte, für das Kapitel »Schokolade«, S. 216-218

Eugen Kasparek, Spirituosenexperte in Berlin, für das Kapitel »Rum«, S. 152-157

Ein weiterer Dank gebührt allen Produzenten, Importeuren sowie Groß- und Fachhändlern für ihr Engagement, den vielen Rollern und Arbeitern in den Tabakfabriken und auf den Plantagen, auf den Weingütern, in den Brennereien und Destillen, die die Qualität wahren und somit das Gute und Schöne beschützen und ohne die es all die wunderbaren Produkte in diesem Buch nicht gäbe …